KB176443

새로운 희망의 시간이

지금 나에게 오고 있다

_____

_____

나에게 보내는 말의 선물

나에게 보내는 말의 선물

서동식 지음

Let's make
Today
Beautiful

함께
BOOKS

prologue

　이 책은 삶에서 경험한 깨달음과 긍정적인 에너지를 줄 수 있는 글귀들로 구성되어 있습니다. 당신의 마음을 위로하고 긍정적인 마음과 목표의식을 갖고 삶을 이어나갈 수 있도록 내면의 힘을 더해 줄 것입니다. 또한 각장의 내용을 읽고 난 후에는 사색의 시간을 갖고 자신의 생각을 기록할 수 있는 메모장이 디자인되어 있습니다.

　이 책이 자신의 삶을 보람 있게 영위하고 행복한 인생을 창조할 좋은 기회가 되기를 진심으로 바랍니다.

contents

1.

운명은 우연이 아닌 선택이다.
기다리는 것이 아니라, 성취하는 것이다.

11page

2.

성숙하다는 것은
다가오는 모든 위기를 피하지 않고
마주하는 것을 의미한다.

67page

3.

성공은 대개 그것을 좇을 겨를도 없이
바쁜 사람에게 온다.

151page

4.

많이 보고 많이 겪고 많이 공부하는 것은
배움의 세 기둥이다.

215page

5.

행복한 삶의 비밀은 올바른 관계를 형성하고
그것에 올바른 가치를 매기는 것이다.

271page

Destiny is no matter of chance. It is a matter of choice. It is not a thing to be waited for, it is a thing to be achieved.

운명은 우연이 아닌 선택이다.
기다리는 것이 아니라,
성취하는 것이다.

#
꿈, 재능, 행동, 두려움, 도전, 변화, 고민,
생각, 사색, 인생지도, 자부심, 자존감…

비교하지 말라

신은 평범한 사람을 만들지 않았습니다. 때문에 우월과 열등의 기준이 될 평범한 사람은 없습니다. 우리는 각자 다르고 특별한 존재입니다. 자신을 다른 사람들과 비교함으로써 스스로를 과소평가하지 마세요.

당신은 존재 자체로 이미 완벽한 신의 걸작입니다.

나는 나 자신을 남과 비교하지 않는다.

나는 세상에 단 하나밖에 없는 가장 특별한 존재이다.

그들 때문에 꿈을 포기하지 마라

꿈을 포기하게 하는 원인으로 환경, 재능의 한계, 현실적 여건 등 여러 가지가 있지만 주위에 있는 사람 때문인 경우도 있습니다. 특히, 가족처럼 가까운 사람들이 꿈을 향해 가는 길의 가장 큰 장애가 되기도 하죠. 하지만 그들은 당신의 꿈을 막으면서도, 당신을 사랑하기 때문에 하는 행동이라고 생각합니다. 그래서 당신의 꿈과 전혀 다른 의견일지라도 자신들의 생각이 잘못된 판단과 행동이 될 수 있다고는 생각하지 못합니다.

그들이 당신을 사랑하는 것과 당신이 자신의 꿈을 찾아가는 길은 전혀 상관이 없는 일입니다. 사랑하는 사람들의 염려 때문에 자신의 꿈을 포기하지 마세요.

나를 사랑하는 이들의 마음을 이해하지만 진심으로 그들을 설득할 것이다.

나는 내가 원하는 꿈을 이루기 위해 노력한다.

인과율의 법칙

인생은 농사를 짓는 것과 같이 심고 거두는 일입니다. 아무 것도 심지 않고는 어떤 열매도 맺을 수 없습니다. 풍성한 열매를 맺고자 소망한다면 긍정적인 생각과 선한 행동을 충분히 뿌려야 합니다. 하지만 다른 사람에게 상처를 입히거나 세상에 해악을 끼치는 일을 한다면 결코 좋은 열매를 맺을 수 없습니다.

풍요로운 삶을 원한다면, 선한 씨앗을 흠뻑 뿌리세요. 감사 와 사랑의 마음으로 당신이 심어놓은 씨앗은 몇 십, 몇 백 배의 열매를 맺어 상상이상의 풍성한 열매로 돌아올 것입니다.

내가 뿌린 선한 씨앗은 좋은 열매를 맺어서 나에게 반드시 되돌아올 것
이다.

마음의 소리에 귀를 기울여라

자신의 영혼이 무엇을 가장 원하는지, 자신의 인생행로의 방향은 어디로 가야하는지를 알기위해서는 마음속 소리에 귀를 기울여야합니다. 소망과 열정은 즉흥적으로 머리에서 나오는 것이 아니라 가슴에서 우러나오는 것입니다.

우리들은 어떻게 행동해야 하고 가야 할 길을 찾기 위해 고민하지만 인생의 지도는 이미 우리 마음속에 있습니다. 마음의 소리에 귀를 기울이고 마음의 소리를 따라가 보세요. 마음이 이끄는 곳에 나를 위해 준비된 선물이 기다리고 있을 것입니다.

내 인생의 지도는 이미 내 마음속에 있다.

나는 항상 마음의 소리에 맞추어 지혜롭게 인생의 길을 개척한다.

마음속에 담겨 있는 인생의 날씨

기분이 좋지 않은 날에는 구름 한 점 없는 맑은 하늘이 그렇게 보기 싫을 수가 없죠. 환한 미소를 지으며 지나가는 사람들의 모습도 왠지 바라보기 불편하고 외면하고 싶습니다.

하지만 기분이 좋은 날에는 구름이 잔뜩 낀 흐린 날씨도, 비가 내리는 풍경도 평화롭고 포근하다는 마음이 들죠.

이처럼 인생에서 일어나는 일들 역시 내 마음에 따라 좋거나 나쁘거나 할 따름입니다. 자신이 어떤 시각으로 바라보는가에 따라 좋은 날씨가 되기도 하고 나쁜 날씨가 되기도 하는 것이죠.

오늘 당신의 날씨는 어떻습니까?

내 마음은 언제나 화창한 봄날처럼 쾌청하다.

내 마음의 날씨는 늘 행복하다.

마음의 날씨

마음의 날씨는 당신의 의지에 의해서 변화되고 결정됩니다. 당신의 의지가 어떤 위기에도 흔들리지 않겠다는 마음이 굳건하다면, 상황이 아무리 혼란하여도 당신의 마음의 날씨는 화창할 것입니다.

하지만 현재의 위기 상황에 굴복한다면, 곧 먹구름이 끼고 비바람이 몰아칠 것처럼 슬픔과 외로움이 찾아옵니다.

당신은 어떠한 곤란한 상황에서도 행복을 선택하세요. 당신의 행복선택은 당신뿐만이 아니라 당신을 사랑하는 사람들의 행복이라는 것을 잊지 마세요.

나는 어떠한 상황에서도 행복을 선택할 것이다.

나의 행복은 나를 사랑하는 모든 사람들의 행복이다.

세상을 변화하려면

당신이 지금까지 해왔던 대로의 삶이 계속된다면, 당신의 삶은 변함없이 지금까지 얻었던 것만을 얻을 수 있을 것입니다. 그러나 지금까지와는 다른 삶, 더 높은 삶의 질을 얻고자 한다면 우선 자신이 변화해야 합니다. 자신이 변화하지 않고 변화된 삶을 얻을 수는 없죠.

변화를 추구하고 변화를 선택하십시오. 당신이 변하면 모든 것이 변화할 것입니다. 인생의 모습 또한 변화된 당신에게 맞추어 변화될 것입니다.

내가 변하지 않으면 지금 이 모습으로 머물 것이다.

내가 변해야 내가 원하는 모습으로 변할 수 있다.

문제 속에 숨겨진 선물

신은 인간에게 선물을 줄 때 반드시 문제라는 포장지를 사용합니다. 하지만 사람들의 관심은 그 선물을 감싸고 있는 포장지에 집중하기 때문에 그 안에 담긴 선물을 찾지 못합니다. 결국 소수의 지혜로운 사람들만이 용기 있게 포장지를 뜯고 포장지 안에 담겨있던 선물을 모두 소유하게 되죠.

우리들을 곤란하게 하는 문제 속에는 반드시 배워야할 교훈이 담겨 있으며 꿈을 이룰 수 있는 많은 기회가 숨어 있습니다.

문제라는 포장지에 현혹되지 마세요. 그 속에 담겨있는 선물을 찾아내세요.

나를 곤란하게 하는 문제 속에는 반드시 나를 위한 선물이 담겨져 있다.

나는 용기 있게 문제를 해결하고 그 안에 담긴 교훈과 기회를 얻을 것이다.

다시 희망을 품는 시간

자기스스로는 삶에 대한 가치관이 확실하다고 생각하지만 그럼에도 때로는 가치관이 흔들릴 때가 있죠. 가슴에 품은 희망을 포기하고 싶고, 모든 것을 포기해 버리고 싶은 충동을 느낄 때가 있습니다.

그러나 그러한 진통의 과정 뒤에 오는 깨달음이 있습니다. 그것은 다시 희망을 품는 시간입니다. 흔들림 또한 올바른 길을 찾아가기 위한 필연적인 우리의 삶의 모습입니다.

때로는 흔들려도, 방황해도 괜찮습니다. 자신을 너무 자책하지 마세요. 방황하고, 실수하고 많은 시행착오를 겪으며 성장해 나가는 것이 우리네 삶의 모습이니까요.

조금 실수해도, 조금 방황해도 괜찮다. 이 또한 나의 인생이 올바른 방향으로 가기 위한 과정이다.

내 선택에 의해 미래가 결정된다

당신의 미래는 당신의 선택에 따라 다양한 모습으로 당신을 기다리고 있습니다. 어떤 미래를 선택할지는, 오직 당신의 결단에 달려있습니다. 당신의 미래를 창조하는 모든 비밀은 외부가 아닌 당신의 마음 안에 있습니다.

당신의 미래는 결코, 누군가에 의해 주어지거나 결정되지 않습니다. 당신 인생의 모습과 가고자 하는 방향을 정하는 것은 언제나 당신의 선택에 의해 결정되죠. 미래는 운명이 아니라 당신의 선택에 달려있다는 것을 명심하세요.

나는 내 인생을 변화시킬 힘을 가지고 있다.

나는 내가 원하는 대로 미래를 만들어 나갈 능력이 있다.

나이에 구속되지 말라

인생의 성패가 젊은 시기에만 도전할 수 있고 꿈꿀 수 있고 행복할 수 있다면, 인간의 인생은 매우 서글플 것입니다.

자신의 나이에 얽매이지 마세요. 젊음의 시기가 지났을지라도 당신은 얼마든지 꿈꿀 수 있고, 도전할 수 있습니다. 새로운 시작은 언제나 다가오고 있으며 또한 열려 있습니다.

당신은 세월에, 시간에, 늙음에 얽매이지 마세요. 젊음이라는 시기를 피나는 노력으로 얻은 상이 아니었듯이, 늙음 또한 잘못으로 받은 벌이 아님을 기억하세요.

나에게는 아직 도전할 수 있는 힘이 있다.
내 인생은 무한대로 뻗어나갈 길이 남아있다.

인생이라는 짐

세상에 태어난 사람이라면 반드시 자신이 책임져야할 인생의 짐이 있습니다. 그 짐의 형태나 모양은 모두 다릅니다.

누구나 자신의 짐에 버거움을 느끼죠. 인생이라는 짐은 누구에게나 무거운 것이니까요. 누군가의 짐이 겉으로 보기엔 가벼워 보일지라도 정작 당사자에게는 힘겨운 짐일 것입니다.

인생의 짐이 무거우면 무겁다고 솔직하게 말하세요. 너무 힘들어 울고 싶다면 울어도 됩니다. 무거운 것은 무거운 것이고, 힘든 것은 힘든 것이니까요. 참는다고 해서 무거운 것이 가벼워지지 않을 것입니다. 솔직한 것이 나약함을 표현하는 것은 아닙니다. 당신의 감정에, 당신의 힘겨움에 솔직해지세요.

내 인생의 짐이 아무리 무거울지라도 내가 책임지고 가야할 내 짐이다.

나는 인생의 무게가 무겁다고 약해지거나 비굴하지 않겠다.

고난과 함께 오는 능력

신은 인간에게 극복할 수 없는 고난과 시련을 주지 않았습니다. 신은 고난을 주실 때, 극복할 기회와 능력도 함께 주시기 때문입니다. 당신이 지금 겪고 있는 고통이 무엇이라도, 당신은 그것을 이겨낼 힘이 있습니다.

당신이 스스로 이겨낼 수 있다고 굳게 믿기만 한다면 당신을 도울 사람들과 당신을 위해 준비된 선물들이 찾아올 것입니다.

나에게는 어떤 고난과 역경도 이겨낼 힘이 있다.

고난을 극복하고 나를 위해 준비된 선물을 찾는다.

당신의 인격이 소리치고 있다

우리는 타인에게 호감이 가는 인상을 보이기 위해 고심합니다. 그래서 때로는 본모습과는 다른 가식적인 모습을 보일 때가 있죠. 하지만 그러한 행동은 언제나 한때일 뿐, 오래 지속될 수 없습니다. 인격이 올바르지 못한 사람의 본모습은 반드시 외부로 드러나기 마련이죠.

잠깐의 가식으로 좋은 이미지를 만들려고 하기보다는 내면의 인격을 갈고 닦는 일에 노력을 기울이세요. 당장 눈에 보이지 않더라도 훌륭한 인격은 반드시 빛을 보게 될 것입니다.

나는 항상 훌륭한 인격을 갖추기 위해 노력한다. 갈고 닦은 나의 인격은 언제가 반드시 빛을 보게 될 것이다.

당신은 가치 있는 사람이다

사람은 타인이 자신을 어떻게 생각하고 바라보는 지에 무척 궁금해 합니다. 자신을 바라보는 다른 사람의 눈길에 필요이상으로 신경을 쓰죠. 하지만 그런 것들은 일시적이고 단편적인 것입니다. 다른 사람들이 자신을 어떻게 생각하는 지는 아주 사소한 일 하나로도 쉽게 변할 수 있는 현상이죠. 중요한 것은 자기자신에 대한 믿음, 즉 자아상입니다. 때문에 스스로 자신의 가치를 발견하는 일은 매우 소중한 일입니다.

스스로 자부심을 느낄 자아상을 지니세요. 보석도 그 가치를 알아볼 줄 아는 사람에게 가치가 있듯이, 자신을 소중히 여기고 가치 있다고 믿는 사람만이 가치 있는 인생을 살 수 있습니다.

나는 특별하고 소중한 사람이다.

나는 가치 있는 인생을 살 것이다.

낙관주의자가 되라

세상에는 지혜롭다고 스스로 자신을 내세우며 이론을 들먹이고, 통계자료를 흔들며 "이것은 불가능하다", "그런 일은 절대로 일어나지 않는다. 말도 안 되는 일이다"고 주장하며, 진보를 이야기하는 사람들을 어리석다고 몰아세우는 사람들이 있습니다. 하지만 그러한 사람들이 세상의 변화를 주도했다는 이야기는 교과서에서 찾아볼 수 없습니다. 그들은 별의 비밀을 발견해낸 적도, 지도에 그려져 있지 않은 미지의 땅을 찾아 항해한 적도 없으며 사람들이 꿈꾸는 새로운 세상을 열어준 사실도 없습니다. 아이러니하게도 세상의 많은 진보는 그들이 어리석은 사람들이라고 몰아세운 사람들에 의해 이루어져 왔습니다.

세상의 변화를 가져온 사람들은 불리한 이론과 근거에도 불구하고 단 하나의 가능성이면 충분하다고 말합니다. 우리는 그들을 낙관주의자라고 말합니다.

꿈을 이루는 데에는 많은 가능성이 필요치 않습니다. 단 하나의 가능성이면 충분합니다.

나에게 보내는 말의 선물

나는 꿈을 이룰 능력을 갖추었다.
나는 단 하나의 가능성만으로도 충분히 꿈을 이룰 수 있다.

전문가가 되는 과정

　우리는 시험을 준비할 때 그 분야와 관련된 다양한 문제를 풀어봅니다. 그리고 문제가 틀릴 때마다 자신감을 잃어가지요. 하지만 우리가 정말 잘 보아야 할 시험은 인생에서 가장 결정적인 단 한 번의 시험뿐입니다. 다른 문제들은 오히려 틀리는 것이 이득이 될 수가 있죠. 문제를 틀린 만큼 모르는 것을 깨닫게 되니까요. 실수나 잘못을 저지르지 않고는 우리가 무엇을 모르는지, 무엇이 부족한지 알 수 없습니다.

　실수하는 것을 두려워하지 마세요. 한 번의 실수는 하나의 교훈을 주는 훌륭한 경험이 됩니다. 틀려도 괜찮습니다. 두려움을 떨쳐버리고 자신 앞의 많은 문제들을 풀어보세요. 실수와 잘못이 충분히 쌓이면 언젠가는 사람들이 당신을 그 분야의 전문

가라고 부를 것입니다. 전문가는 자신의 관심분야에 관해 저지
를 수 있는 실수와 잘못을 너무 많이, 이미 경험한 사람입니다.

나에게 보내는 말의 선물

모든 경험은 내게 유익하다.

나는 과감히 도전하여 지혜와 교훈을 얻는다.

꿈을 발견하라

성공을 위한 출발은 꿈을 발견하는 일입니다. 자신이 진정으로 원하는 것이 무엇인지, 자신의 내면에 잠들어 있는 진정한 소망을 찾아내는 일이야말로 꿈을 향한 여정의 첫걸음입니다. 내면에 감추어진 간절한 소망을 찾는 일이 중요한 이유는, 그것이 바로 자신의 꿈이기 때문입니다.

조용히 스스로의 내면을 바라보세요. 그래서 자신이 진실로 바라고 있는 것이 무엇인지, 천천히 인내심을 갖고 반드시 찾아내도록 하세요.

내가 무엇을 원하는지 내 마음은 알고 있다.

나는 주의 깊게 나의 내면을 관찰한다.

배움에 투자하라

자신의 능력을 키우기 위한 배움에 아낌없이 시간과 돈을 투자하세요. 배우는 일에 시간과 돈을 투자하는 일은 결코 낭비가 아닙니다. 그것은 미래의 수익을 위한 현명한 투자입니다. 특히, 젊은 시절은 세상이 필요로 하는 사람이 되기 위한 지식을 쌓고 훈련하는 것이 목적이 되어야 하는 시기입니다.

지금 당장의 작은 이익을 위해 배움에 인색하다면 시간이 흘러서도 지금과 같은 수익만을 유지하거나 언젠가는 생존에 위협을 받게 될지도 모릅니다. 배움으로써 쌓은 실력이야말로 가장 확실한 인생의 보험입니다.

나는 배우는 일에 시간과 돈을 아끼지 않는다.

나는 배움에 투자하여 전문성과 능력을 지속적으로 향상시킨다.

넓은 마음을 가져라

어느 자리에서든 자신의 생각과 의견이 잘 맞지 않는 사람이 있을 수 있습니다. 하지만 그들의 말 한마디에 자신의 기분이 좌우된다면 마음이 편할 날이 없을 것입니다.

타인을 자신에게 맞도록 변화시키는 일은 너무나 힘이 드는 일이죠. 그 이유는 그는 내가 아니기 때문입니다. 그러나 자기 자신의 마음을 스스로 변화하기는 마음만 먹는다면 당장이라도 할 수 있는 일이죠. 자신을 속상하게 하는 그들을 탓하기보다 자신이 좀 더 넓은 마음을 가진 사람이 되도록 노력하세요.

당신은 자신의 행복과 마음의 평화를 지키는 데에 집중하세요. 자기 자신에게 조금만 주의를 기울인다면 당신을 불편하게 하는 그들의 어떤 언행도 당신을 힘들게 하지 않을 것입니다.

나는 깊고 넓은 마음의 소유자다.
나는 스스로 내 마음을 폭넓게 향상시킨다.

불필요한 걱정에서 벗어나라

사람은 인생의 길이를 조정할 수는 없지만 그것의 넓이와 깊이는 조절할 수 있습니다. 또한 그 날의 날씨를 마음대로 조정할 수는 없지만 자신의 기분은 조절할 수 있습니다.

당신은 조절할 수 있는 일만으로도 충분히 바쁜데 조정할 수 없는 일까지도 걱정하고 있지는 않나요?

당신이 통제할 수 있고 영향력을 끼칠 수 있는 일에 집중하세요. 당신의 능력 밖의 일들은 당신이 걱정하고 신경 쓴다고 해서 해결할 수 있는 일이 아닙니다. 당신이 바꿀 수 없는 일 때문에 불필요한 걱정을 한다면, 당신은 언제까지나 걱정에서 벗어날 수 없을 것입니다. 당신의 영향력 안에 있는 일들에 관심을 가지세요.

내가 바꿀 수 없는 일을 걱정한다고 해결되지 않는다.

내 마음을 스스로 조절한다.

성공의 가능성을 기다리지 말라

야구경기에서 타율이 3할만 넘어도 훌륭한 타자라고 합니다. 삼 할이면 열 번의 타격 시도에서, 세 번을 치고 일곱 번을 아웃 당하는 것입니다. 고작 세 번의 성공이 일곱 번의 실패 이상의 가치로 평가받는 것입니다.

사람의 인생 타율은 더욱 매력적입니다. 많은 실패를 하더라도 단 한 번의 성공이 실패로 인한 모든 손해를 뛰어넘을 수가 있죠. 자신이 목표로 한 성공을 위해 실패를 기꺼이 감수하세요. 100%의 가능성이 보일 때까지 기다린다면, 한 번도 방망이를 휘두를 수 없을지도 모릅니다. 좋은 기회라고 판단된다면 일단 휘두르세요. 아웃이 될지, 안타가 될지, 홈런이 될지는 일단 휘두르고 난 다음에야 판가름이 날 것입니다.

나는 기회가 다가오면 단번에 낚아챈다. 나는 결정적인 단 한 번의 성공으로 모든 것을 역전시킬 것이다.

주는 사람이 되자

사람들은 받는 사람들을 부러워하지만 신은 베푸는 자에게는 그 이상의 축복이 있을 것이라는 가르침을 주었습니다.

하지만 대부분의 사람들은 신의 마음을 몰라줍니다. 다른 사람들의 마음을 헤아리고 아끼는 만큼 신은 베푸는 자를 아끼고 사랑하기에, 그에게는 언제나 신의 가호가 함께할 것이라는 것을요.

빌리고 받는 자가 아닌, 주는 자가 되십시오. 당신이 이웃과 세상을 위해 나누어 준 것들은 넘치도록 풍성해져서 반드시 당신에게 되돌아올 것입니다.

나는 풍성한 삶을 누리게 될 것이다. 그 이유는, 내가 가진 것을 나누고 베풀기 때문에 마음이 평화롭기 때문이다.

당신은 고귀한 존재이다

신을 믿지 않는 사람일지라도 자연의 신비 속에 감추어진 조물주의 창조능력에 놀라워하곤 합니다. 그러나 더욱 놀라운 사실은 신비와 경이로움의 이 우주도 오직 인간을 위해 만들어졌다는 사실입니다.

인간은 자연의 경이로움에 압도되지만, 정작 우주는 슬기롭게 자연의 문제를 해결하고 극복해 나가는 인간의 영혼에 더 감탄합니다. 그러나 이러한 능력을 하찮게 보고 낮게 보는 것 또한 인간입니다.

신이 인간을 바라보는 시각으로 스스로를 바라보세요. 거대한 자연의 신비로움, 그 이상의 경이로움과 능력이 당신 안에 잠들어 있습니다.

나는 세상에 하나밖에 존재하지 않는 매우 특별한 존재다.

나는 고귀하고 가치 있는 존재이다.

내가 먼저 마음의 문을 열어라

문(門)은 안에 있는 사람에 의해 열 수도, 잠글 수 있도록 설계되어 있습니다. 누군가와 친구가 되고 싶다면, 그 사람이 다가와 줄 때까지 기다리지 마세요. 용기 있게 먼저 다가가서 말을 건네세요. 어쩌면 그 사람도 당신을 기다리고 있었을지 모릅니다. 누군가와 진심을 나누고 싶다면, 그 사람이 다가와 당신의 마음의 문을 열어주길 기다리지 마세요. 당신이 먼저 마음의 문을 열고 그 사람을 반겨주세요.

나는 먼저 마음의 문을 열고 다가간다.

나는 늘 먼저 배려하며 그 사람에게 다가설 것이다.

내가 알고 있는 것이
항상 정답은 아니다

자신이 믿고 있는 생각은 지금까지의 정보만을 바탕으로 한 것이기에 잠정적인 것입니다. 환경이 바뀌거나 새로운 정보가 나타나면 언제든지 수정해야할 필요가 있으며 생각의 관점은 바뀔 수도 있습니다.

지혜로운 사람들의 공통점은, 자신의 생각이 틀릴 수도 있다는 사실을 쉽게 인정한다는 것입니다. 그들은 새로운 정보에 따라 자기 생각을 수정하는 것을 부끄러워하지 않습니다. 그러나 어리석은 사람들은 새로운 정보가 발견되었음에도 자기 생각을 바꾸려 하지 않고 쓸데없는 고집을 피우죠.

당신이 알고 있는 것이 정답이 아닐 수도 있음을 인정하세요. 또한 자신의 의견이 옳지 않을 수 있다는 것을 받아들이세요. 당신은 지속적인 교정을 통해 최대한 진실에 접근해 나가도록 노력하세요.

나에게 보내는 말의 선물

나는 내가 알고 있는 사실에 대해 고집을 부리지 않는다.
새롭게 경험한 일이 나의 생각보다 옳은 것이라면 그것을 배운다.

인생의 내비게이션

인간에게는 아쉽게도 아직까지 인생을 올바른 길로 안내하는 내비게이션이 없습니다. 다만 한 가지 기준으로 삼을 수 있는 것은, 그때그때 상황에 따른 삶을 사는 당사자 즉 자신의 마음과 판단이 인생의 내비게이션 역할을 합니다. 자신의 내면에서 우러나오는 마음이 하는 소리는 인생의 행로를 선택할 때, 매우 중요한 기준이 되죠. 특히 열정은 정말 중요합니다.

고대 그리스 인들은 열정(enthusiasm)이라는 단어를 '내 안의 하느님'이라는 뜻으로 사용했습니다. '열정'을 신이 인생의 길을 인도해주는 나침반처럼 생각한 것이죠. 당신을 올바른 방향으로 인도해주는 하느님이 바로 열정이라는 사실을 기억하세요.

당신의 마음이 원하는 곳을 향해 열정을 다해 나아가세요.

바로 그곳이 당신 인생의 파란불이 들어온 곳입니다.

"도전해 봐.", "넌, 할 수 있어."

나에게는 열정이라는 내비게이션이 있다.

To be mature means to face, and not evade, every fresh crisis that comes.

성숙하다는 것은 다가오는 모든 위기를
피하지 않고 마주하는 것을 의미한다.

#
선택, 운명, 위기, 책임, 속도와 방향,
시간, 기회, 후회, 말과 행동, 매력…

자유의지를 불태워라

　인생이 힘들고 지칠 때 '될 때로 되라' 하는 심정으로 모든 것을 운명에 맡기고 손을 놓아버리고 싶을 때가 있습니다. 거스를 수 없는 불운의 운명이 자신을 휘감고 있다는 생각에 사로잡혀, 이제는 더 이상 이 상황을 변화시킬 어떤 힘도 자신에게는 남아 있지 않다고 생각하기 때문이죠. 인간의 삶이 고난의 연속이며 변화무쌍하다는 것을 알고 있지만 막상 자신에게 예기치 못한 문제가 발생해서 혼란에 빠지게 되면, 어떠한 난관이라도 극복할 수 있다는 힘이 자신에게 내재되어 있다고 생각한 자유의지는 생각조차 못하게 되죠. 하지만 인간은 자유의지를 가진 독립적이고 가치 있는 존재임을 잊으면 안 됩니다. 어떤 경우에도 인생의 끈을 놓치지 마세요. 부정적인 상황에 자신을 방치하지 마세요.

내 인생의 책임은 오로지 내가 책임져야할 내 몫이다.

나는 자유의지로 위기를 극복하고 변화를 만들어 낸다.

문제와 위기

우리는 항상 당면하는 문제를 맞이하고 그것을 풀어가며 살아가죠. 사회과학자들의 연구에 의하면, 사람은 평균 3~4개월에 한 번씩은 어떤 문제를 위기라고 생각하며 산다고 합니다. 자신에게 당면한 문제를 해결하기 위해 고민하고 해결한 다음에는 또 다른 문제를 경험하고 해결하는 것이 사람의 삶이라는 것이죠. 이렇듯 세상을 살아가는 사람은 문제와 위기 속에서 살아가고 있습니다. 자신에게 당면한 문제를 삶의 당연한 일부분으로 받아들이세요.

나에게 어떤 문제와 위기도 위협이 되지 않는다.

나는 모든 문제와 위기를 극복할 수 있다.

속도보다 방향이 중요하다

인생은 순위를 다투는 레이싱 경기가 아닙니다. 남들보다 조금 빠르다고 해서 그것이 곧 인생의 성공을 의미하지 않습니다. 인생의 방향이 올바르지 못한 삶은 오히려 재앙이 됩니다. 그렇기에 자신이 걸어가고 있는 길을 스스로 인지하고 조정하는 일은 정말 중요합니다. 우리에게 필요한 것은 시계보다는 나침반입니다. 얼마나 빠른가보다 얼마나 올바른 방향으로 가고 있느냐 하는 것이 더 중요하죠.

남들보다 조금 느리다고 해서 조급해 할 필요가 없습니다. 차라리 조금 느린 것이 여유를 가지고 방향을 찾기에는 유리하죠. 중요한 것은 속도가 아닌 방향이라는 것을 항상 기억하세요.

인생에서 중요한 것은 속도가 아닌 방향이다.

나는 항상 여유를 가지고 올바른 방향을 찾아간다.

익숙함에서 벗어나라

　세상 전부를 가진 것 같은 성공의 기쁨도 시간이 지나면 그저 그런 평범한 일상이 됩니다. 그래서 우리는 자신을 행복하게 하는 소중한 것에 대한 감사함을 종종 잊어버릴 때가 있습니다. 이와 마찬가지로 자신이 겪는 가난의 불편함과 고통 또한, 그것을 극복하기 위해 새로운 변화를 추구하지 않는다면 일상이 되어 불편함과 고통을 인지하지 못합니다. 그래서 더 나은 삶을 위한 동기를 잊어버리게 되죠. '익숙함'이란 중독성 강한 습관이 몸에 배었기 때문입니다.

　지금의 삶이 자신이 꿈꾸었던 삶과 어울리는 옳은 방향으로 향하고 있는지, 한 걸음만 물러나서 관찰해 보세요. 익숙함에 중독되지 않도록 항상 자신의 삶에 관심을 기울이세요.

나는 객관적인 시선으로,

나의 삶이 옳은 방향으로 향하고 있는지 항상 관찰한다.

후회하지 않는 삶

사람의 삶은 후회를 남기며 나아가는 길 같습니다. 하지 말아야할 무모한 시도로 큰 곤란을 겪거나 마음속 깊이 간직하고 있던 연인에게 사랑을 고백한 후 사랑을 얻지 못해 괴로움과 후회의 시간을 보내기도 하죠.

하지만 돌이켜보면, 무언가를 해서 후회를 한 것보다는 하지 않아서 한 후회가 더 많지 않았나요?

일단 행동으로 옮겨 실천하는 것은, 자신의 삶을 돌아보았을 때 다음과 같은 후회를 남기지 않습니다.

'하고 싶었던 그 일들을 그 때 행동으로 옮겼더라면…'

자신이 그리던 이상형을 만났지만 고백할 용기를 내지 못해 마음속에만 간직하거나 배우고 싶은 것이 있었지만 시간이 없다는 핑계로 차일피일 미루다가 결국은 배우지 못한 일, 과감히 도전하지 못해 꿈을 포기하고는 그저 그런 일에 머무른 일들은 큰 아쉬움을 남기죠.

이제부터라도 하고 싶었던 일을 행동으로 옮기지 못해서 후회하는 일을 남기지 않겠다고 결심하세요. 당신에게는 아직 충분한 기회가 남아있습니다.

나에게 보내는 말의 선물

나는 내가 원하는 일에 과감히 도전하는 삶을 살 것이다. 그래서 해보지 못해서 후회하는 일을 내 인생기록에 남기지 않는다.

매력〔魅力〕1

　멋지고 아름다운 외모, 또는 많은 부는 사람들의 마음을 강하게 끌어당기는 매력이 될 수 있습니다. 하지만 사람의 마음이 항상 외모나 물질에 끌리는 것은 아닙니다. 부자나 잘 생긴 사람을 대체할 수 있는 매력적인 요소는 많습니다. 친절한 미소와 예의 바른 태도, 긍정적인 삶의 자세, 올곧은 정신, 유머, 배려, 지혜로움, 현명함 등등…. 이러한 내적인 매력은 외적인 매력 이상의 매력을 가집니다.

　외적인 매력은 분명 다른 사람의 호기심과 흥미를 불러일으키지만 결국 누군가를 당신의 사람으로 만드는 힘은 내적인 매력에 있다는 것을 기억하세요.

나는 내적 매력이 있는 사람이 되기 위해 노력할 것이다.

나의 매력은 사람들의 마음을 끌어당긴다.

매력[魅力] 2

우리는 자신을 가꿀 줄 알아야 하며 더 나아가 자신에게 어울리는 이미지를 만들기 위해 노력해야 합니다. 자신과 어울리지 않는 옷차림과 이미지는 자신의 역량을 과소평가하게 할 수 있습니다. 자신의 매력이 감추어짐으로써 좋은 기회를 놓칠 수도 있습니다. 자신의 평소 몸가짐을 점검해 보고 자신에게 어울리는 스타일을 찾아보세요.

하지만 정말 중요한 것은, 내면의 매력임을 잊으면 안 됩니다. 사람들은 눈에 보이는 외적인 모습으로 당신을 판단하지만, 누구라도 당신의 내면을 섣불리 판단하지는 못할 것입니다. 아무리 당신이 훌륭한 인격과 능력을 갖추고 있다 하여도 사람들이 당신의 진정성을 파악하기 위해서는, 어느 정도의 시간이 필요하기 때문입니다.

　　꾸준히 당신의 훌륭한 본성을 그들에게 발산하세요.

　　나는 어울리는 외적인 이미지를 만들기 위해 노력한다. 또한 내적인 품성을 가꾸기 위해 더욱 노력한다.

지금은 걱정할 때가 아니다

자신의 일에 나름대로 최선을 다해 노력하였지만 잘 풀리지 않는 인생에 회의감을 느낄 때가 있습니다. '나의 삶이 왜 이렇게 힘든지…, 아쉬운 마음에 자꾸 뒤를 돌아보게 되죠.

지금의 힘든 삶이 자신의 인생에서 어떤 의미인지를 지금 당장 알려고 고민하지 마세요. 지금 내게 일어난 일들이 어떤 의미를 가지는지, 앞으로 나의 인생에 어떤 영향을 끼칠지는 지금은 결코 알 수 없습니다. 하지만 언젠가 시간이 흘러 자신의 인생을 돌아보았을 때, 지금의 삶이 내 인생에서 어떤 의미였는지 알 수 있는 날이 올 것입니다. 지금의 당신은, 언제나 그래왔던 것처럼 자신이 옳다고 생각하는 그 일을 힘차게 밀고 나가세요. 앞은 걱정하지 말고요.

나는 현재에 충실할 것이다.

나는 오로지 지금 내가 해야 할 일에 집중한다.

두려움을 떨쳐내고 시도해 보라

세상을 살아가다보면 누구나 앞날에 대한 두려움을 품고 살아갑니다. 인간은 누구도 내일을 확신할 수 없기에 불안감과 두려움을 안고 살아가는 것은 당연한 것이죠. 앞으로 나아가는 사람과 포기하고 주저앉는 사람의 차이는 두려움의 크기가 아니라 용기의 유무입니다.

실패에 대한 두려움, 내일에 대한 불안감이 가슴을 옥죄어 오더라도 두 눈을 질끈 감고 앞을 향해 한 걸음을 내딛으세요. 한 걸음씩 두려움을 뚫고 나아간다면 분명 내일은 당신을 위한 길이 열릴 것입니다.

나는 두려움을 극복하고 내가 희망하는 것을 향해 나아간다. 분명 나를 위한 길이 열릴 것이다.

어제의 나를 이겨라

기존의 것이 부서지지 않는다면 새로운 변화는 찾아오지 않습니다. 사람의 성장 또한 마찬가지죠. 지금의 내가 부서지고 깨어지지 않고서는, 더 높은 성장을 기대할 수 없습니다.

지금, 당신의 삶을 후회하고 있다면 어제의 당신과 결별하세요. 새 술은 새 부대에 담아야 하듯이 기존의 나를 비우고 난 후에야 변화된 새로운 자신을 채울 수 있습니다. 언제나 변화의 대상은, 나 자신이 되어야 합니다.

내가 이겨야할 사람은 경쟁자가 아닌 바로 어제의 나입니다. 어제의 나에게 지지 마세요.

나는 늘 변화하고 발전한다.

나는 고정관념과 나쁜 습관을 버리고 새로운 내가 된다.

천천히 걸어가도 늦지 않을 것이다

조급한 마음으로 서두르다 보면 실수도 잦아지지만 무엇보다 스스로 지치게 되죠. 단기적인 이익이나 눈앞의 승부에 집착하다보면, 당장은 작은 이익을 얻을 수 있을지는 몰라도 장기적으로 보면 실패할 확률이 높아집니다. 작은 이익에 현혹되지 말고 장기적인 관점에서 신중하게 판단하고 일을 진척시키세요. 인생은 생각보다 그리 짧지 않습니다. 남들이 가는 속도에 아무생각 없이 무작정 따라가려고만 하지마세요. 그들의 인생과 당신의 인생은 같은 길이 아니잖아요. 조금만 더 여유를 가지세요. 긴 호흡을 유지하면서 천천히 한 걸음씩 나아가세요. 목표를 향해 올바른 방향으로 서두르지 않고 나아가다보면 분명 늦지 않은 때에 원하는 목적지에 도달할 수 있을 것입니다.

나는 천천히 한걸음씩, 긴 호흡으로 내가 목표한 길을 걸어갈 것이다.

나는 늦지 않은 시간에 내가 목표로 하는 목적지에 도달할 수 있다.

누구나 처음은 힘들다

무언가를 처음 시작할 때 자기스스로는 남들보다 자신이 부족하다고 느낄 수 있습니다. 하지만 그것은 부족한 것이 아니라 단순히 처음 경험하기 때문일 뿐입니다. 누구나 처음은 힘들고 어려운 법이죠. 적응하고 숙달되기까지는 어느 정도의 시간이 반드시 필요합니다. 두려워하지 말고 지금의 어려움을 이겨내세요.

내가 경험하지 못한 일이기 때문에 힘들고 어려운 것일 뿐이다.

나는 지금의 어려움을 이겨낼 수 있다.

시간의 축복

시간은 거역할 수 없는 도도히 흐르는 강물과 같습니다. 시간이 신에 의해 생겨난 것인지, 인간에 의해 정의된 것인지는 알 수 없지만 확실한 것은 시간의 흐름은 영원히 멈추지 않을 것이며 다시 돌아오는 일도 없을 것이라는 사실입니다. 그리고 모든 사람에게 공평하게 주어진다는 것입니다.

한순간도 멈추지 않고 흘러가는 시간을 당신은 무엇으로 채우고자 합니까?

나는 나에게 주어진 모든 시간을,

아름다운 순간들로 가득 채울 것이다.

세상의 중심은 나다

이 우주는 당신을 위해 존재합니다. 다른 누가 아닌, 바로 당신을 위해서 말입니다. 그러나 어떤 사람들은 자신을 거대한 기계 속의 눈에 보이지도 않는 작은 부속품쯤으로 여깁니다. 자신을 성공하는 사람들을 위한 소모품이라고 생각하기도 하죠.

그러한 생각들은 결코 진실이 아닙니다. 세상의 중심은 바로 당신입니다. 이 우주는 당신을 중심으로 움직입니다. 신과 우주는 언제나 당신에게 집중하고 있습니다. 당신이 무엇을 바라는지, 어떤 생각을 하는지, 어떤 말을 하는지 늘 지켜보고 당신의 내면에 따라 움직이고 있죠. 당신이 존재하지 않는다면, 세상의 그 어떤 것도 존재할 수 없습니다. 세상의 중심은 바로 자기 자신이라는 것을 기억하세요.

나는 세상의 중심이다.

세상은 나를 중심으로 움직이며 나에게 집중하고 있다.

시간 안에는
모든 가능성이 존재한다

많은 사람들이 미래가 불확실하다고 말하며 불안해합니다. 사실 미래는 불확실하죠. 예측할 수는 있어도 장담할 수는 없는 것이 미래이니까요. 하지만 이상하게도 사람들은 실패는 확신을 갖고 있는 듯이 생각하며 말합니다. "미래는 불확실하지만 실패는 확실하다?"

미래가 불확실하다는 것은 한편으론 축복일 수 있습니다. 미래가 불확실하기 때문에 내일이라는 시간 속에는 모든 가능성이 내포되어 있기 때문이죠. 바꾸어 말하면, 미래가 불확실하기 때문에 미래는 모든 것이 가능하며 어떤 일이든 일어날 수 있는 무한한 가능성의 시간입니다.

나에게 주어진 시간 속에는 모든 가능성이 숨어있다.

내가 계획한 일은 앞으로 어떤 일이든 이룰 수 있다.

즐거운 마음으로 일하라

천재는 노력하는 사람을 이기지 못하고, 노력하는 사람은 즐기는 사람을 이기지 못한다는 말이 있습니다. 어떤 일을 하든 그 일을 즐겁게 하는 사람은 좋은 결과를 만들어 냅니다.

우리는 자신이 좋아하는 놀이를 할 때 시간이 가는 줄 모르게 그 놀이에 집중합니다. 어쩔 수 없이 밤새워 공부하는 일은 힘들어도 좋아하는 게임을 즐기는 일은 시간가는 줄 모르게 할 수 있지요. 일 또한 마찬가지입니다. 일을 게임하듯 즐기는 사람은 자신도 모르는 사이에 그 일을 즐기면서 집중하게 됩니다.

항상 즐거운 마음으로 일하세요. 불만 가득한 마음으로 일을 한다면 능률도 오르지 않을뿐더러 좋은 영감도, 좋은 실적도 올리지 못합니다.

즐거운 놀이를 한다는 기분으로 일한다면 자신도 모르게 더 집중하고 노력하여 기대이상의 성과를 얻을 수 있을 것입니다.

나에게 보내는 말의 선물

나는 내게 주어진 일을 즐긴다.
나는 항상 즐거운 마음으로 놀이하듯 일한다.

습관 〔習慣〕

한 사람이 지니고 있는 습관은 매우 다양합니다. 아주 사소한 행동 습관부터 사고방식이나 학습 습관 같은 중요한 습관까지, 자신의 몸과 생각에 깊이 스며들어 자신의 삶의 모습을 만들죠.

습관은 제2의 천성입니다. 때문에 우리의 다양한 습관들은 사소한 것이든 중요한 것이든 스스로 자기 자신이 인식하지 못하는 사이에 자신의 삶에 많은 영향을 끼칩니다. 그렇기에 스스로 좋은 습관은 발전시키고, 나쁜 습관은 더 큰 악영향을 끼치기 전에 제거해야 하죠. 반복적인 행동이 습관이 되고, 습관이 자신의 운명을 만든다는 것을 기억하세요.

나는 의식적으로 습관을 통제하고 관리한다. 좋은 습관은 더욱 키우고 나쁜 습관은 제거한다.

일은 교과서다

어렵고 힘든 일도 대충하고자 하면 쉽게 생각되고, 쉬운 일
도 잘하고자 하면 어려운 법입니다. 무슨 일이든 소홀히 대하면
몸은 편할 수 있지만 아무런 배움도 깨달음도 얻을 수 없습니다.
작은 일이라도 시간과 노력을 들인다면 비록 외적인 결과물이
적을지라도 내적인 성장과 발전이 있습니다. 시간이 흐를수록
인생을 소홀히 살아가는 사람들은 감히 범접할 수 없는 능력이
성실한 삶을 보낸 사람에게는 생기는 것이죠.

무슨 일을 하든지 최선을 다하십시오. 어떤 일도 무익한 일
은 없습니다. 세상의 모든 일은 당신을 성장시키기 위한 교과서
가 될 수 있다는 것을 잊지 마세요.

나는 작고 사소한 일이라도 최선을 다한다.

내게 주어진 모든 일은 나에게 깨달음을 주는 훌륭한 교재가 될 수 있다.

무리하게 설득하지 마라

　세 사람이 한자리에 모이면 각자의 의견이 다를 수 있습니다. 때문에 대화의 자리에서 무리하게 남을 설득하는 것은 결코 지혜로운 일이라고 할 수 없습니다. 왜냐하면 사람은 본능적으로 자신의 생각과 개성을 지키고 싶어 하는 마음이 있기에 다른 사람에게 설득 당하는 것을 본능적으로 싫어하기 때문입니다.

　다른 사람의 의견에 대한 비판과 이견은 못질을 하는 것과 같아서 두들기면 두들길수록 상대방의 마음속에 아픔을 더욱 깊이 박히게 하는 행위가 될 수 있습니다. 물론 낙담하고 좌절하는 사람이 현명한 판단을 할 수 있도록 도움을 주어야 할 때가 있습니다. 그렇지만 상대방의 감정을 상하게 하면서까지 무리하게 설득하려고 한다면, 당신의 의견이 옳다고 하더라도 현명한 처신이 아닐 것입니다.

　당신은 그들이 어떤 선택을 하건 그들이 만족해한다면, 그것으로 당신도 만족하세요.

나에게 보내는 말의 선물

　나는 상대방이 올바른 선택을 할 수 있도록 도움을 줄 수는 있지만 무리한 강요로 상대방의 기분을 상하게 하지는 않는다.

비로소 알게 되는 것들

추녀 끝에 걸어놓은 풍경은 바람이 불지 않으면 소리를 내지
않지요. 바람이 불어야만 비로소 그윽한 소리를 냅니다. 인생도
무사평온하다면 즐거움이 무엇인지 알지 못합니다. 힘든 일을
이겨내고 자신이 목적한 바를 이루고 나서야 비로소 즐거움도
알게 되는 것입니다.

누군가와 함께하는 것에서 행복한 마음을 느끼는 것은 외로
움이 있었기 때문입니다. 휴식의 평안함은 치열한 삶 후에 크게
느낄 수 있죠.

세상의 모든 즐거움은 그와 반대되는 고통이 있기에 성립할
수 있습니다. 고통은 당신을 즐겁고 행복하게 하기 위해 존재하
는 것입니다.

내가 겪는 모든 어려움과 고난은, 나의 미래의 행복과 즐거움을 위해 존재
한다.

절실하다면 포기하지 말라

인생을 걸어볼 만한 일을 찾기는 결코 쉬운 것이 아니죠. 자신이 정말 원하는 것을 발견한 것 자체가 위대한 기회입니다. 자신이 간절히 원하는 것을 찾았다면, 그것을 절대로 포기하지 마세요. 그리고 자기 자신에게 그만한 성공과 행복을 누릴 자격이 있는 사람임을 자기 자신에게 스스로 부여하세요. 자신이 원하는 삶, 생각만 해도 가슴 뛰고 설레는 삶이 절실하다면 결코 포기하지 마세요.

나는 내가 간절히 원하는 것을 결코 포기하지 않는다.

나는 내가 원하는 소망들을 성취해 낼 것이다.

꿈꾸는 사람은 행복하다

꿈이 없는 사람은 쌓이는 인생의 무게에 짓눌려 시간이 흐를수록 희망을 잃어갑니다. 그러나 꿈을 간직한 사람은 희망이 있기에 그 자체만으로도 행복한 마음을 유지하며 자신의 삶을 가꾸어 나갈 수 있습니다. 꿈은 더 나은 삶에 대한 가능성이기 때문입니다.

아름다운 꿈을 품으세요. 당신에게 행복한 미래를 선물할 가장 아름다운 꿈을 간직하세요.

나에겐 꿈이 있다.

나의 꿈은 나를 행복한 세상으로 인도할 것이다.

객관적 시야로 자신을 바라보라

사람은 자신의 일보다는 타인의 일을 대할 때 좀 더 현명하고 지혜로운 판단을 내립니다. 그것은 타인의 일에는 불필요한 감정이 섞이지 않아서 마음의 균형을 유지하는 것이 자기 자신의 일을 대할 때보다 마음의 부담이 적기 때문입니다. 인생의 흐름을 객관적으로 바라보고 좀 더 현명한 판단을 하고자 한다면 자신의 인생을 대할 때, 모든 감정을 최대한 배제하고 마치 비행기 위에서 도시의 전경을 바라보는 것처럼 높고 넓은 시각으로 자신의 인생흐름을 바라보세요.

한발 물러서서 관조하는 객관적인 습관을 기른다면 모든 일을 처리함에 있어 이전보다 올바른 판단을 내릴 수 있을 것입니다.

나는 모든 상황을 객관적인 관점으로 바라본다.

나는 넓고 깊은 시각으로 폭넓게 사고한다.

그들의 성공에는 이유가 있다

사람들은 성공한 사람들의 결과물만을 바라봅니다. 오로지 그들이 이룬 성과와 그들이 쌓은 부에만 관심을 갖죠. 그리고 다음과 같이 말합니다.

"그들은 천재이기 때문에 그런 성공을 할 수 있었어."

"그들은 특별한 재능을 타고났기에 그 일을 해내는 것이 당연해. 그들의 성공은 필연적이야."

세상에서 가장 비겁한 말 중의 하나는 '천재'라는 말입니다.

'천재'라는 말은 성공한 사람들의 땀과 눈물을 폄하하고, 노력하지 않는 자들의 게으름을 정당화시켜 주죠. 그래서 에디슨은 '천재는 99%의 노력과 1%의 영감으로 이루어진다고 항변했습니다.

　당신은 천재들의 결과만을 바라보지 말고 성취의 과정을 바라보세요. 그들이 보이지 않는 곳에서 자기 자신과 치열하게 치른 전쟁의 흔적들을 바라보세요.

어느 누구도 노력하지 않고 열매를 맺을 수 없다.
나는 치열하게 도전하고 노력하여 가장 가치 있는 열매를 맺을 것이다.

인내 〔忍耐〕

인간의 삶에서 인내만큼 필요한 능력이 또 있을까요?

극복하고 해결해야 하는 문제의 대부분이 인내를 필요로 합니다. 큰 꿈을 가진 사람이 꿈을 이루기 위해서 반드시 필요한 것이 참고 극복해야 하는 인내입니다. 인내야말로 자신이 목표로 한 고지를 달성하기 위해서 꼭 필요한 재능 중의 재능이죠. 아무리 좋은 환경이 뒷받침이 되어도 인내가 없다면 그 어떤 것도 제대로 이루어낼 수 없습니다. 포기하지 않는 인내 앞에서는 결코 무너지지 않을 것 같은 문제도 결국은 해결되죠. 좌절과 포기의 순간, 다시 한 번 더 지루한 고통의 시간을 인내하세요.

　나는 인내하는 사람이다. 나는 어떤 고난에도 포기하지 않고 끝까지 인내하여 내가 원하는 삶을 반드시 이루어낼 것이다.

화내는 기술

아무리 사소한 일이라도 화를 내고자 한다면 얼마든지 이유를 만들어 화를 낼 수 있죠. 그리고 때로는 화를 내야할 필요도 있습니다. 따끔한 비판 없이는 잘못된 것을 바로잡기가 힘들 때도 있기 때문입니다.

하지만 모든 일이 그렇듯 화를 내는 일 또한 때와 장소를 가리는 올바른 판단이 필요합니다. 상대방의 마음이 당신의 화를 받아들일 준비가 되어 있지 않았을 때에는, 바른 비판도 비난으로 받아들일 수 있으며 상대방의 자존심이라는 화약고에 불을 붙이는 결과를 유발하기도 합니다.

화를 내기 전에 한 번 더 신중히 생각해 보세요. 화를 낼 때야말로 상대방에 대한 배려가 필요합니다.

화를 내기 전에 한 번 더 생각해 보자.

적절한 때에 올바른 방법으로 화를 내자.

잘못된 행동을 수정하라

파리 한 마리가 집안으로 들어와서 다시 밖으로 나가기 위해 계속해서 창문에 머리를 부딪치는 모습을 본 적이 있습니까?

우리도 이와 비슷한 행동을 할 때가 있습니다. 잘못된 행위에 대한 반성과 수정을 가하지 않고 계속해서 부정적인 패턴으로만 일한다면 결국 그 울타리 안을 벗어나지 못하고 그 곳에서 인생이 멈출 수도 있습니다.

반복적인 실수나 잘못을 그대로 놓아두지 마세요. 부정적인 패턴을 멈추고 자신의 계획과 행동을 지속적으로 수정하세요.

나는 나의 행동과 계획들을 지속적으로 부정적인 삶의 패턴을 수정하여 올바른 방향으로 나아간다.

좋은 기억만 저장하라

　세상을 살다 보면 좋은 일도 있고 나쁜 일도 있기 마련이죠. 누구나 가급적 좋은 일만 기억하고 싶겠지만 언제나 가슴에 남아서 곱씹게 되는 것은 나쁜 기억일 경우가 많습니다. 나쁜 기억은 스스로 기분의 저하를 가져오죠. 나쁜 기억이 좋지 않은 까닭은, 부정적인 결과를 낳기 때문입니다.

　좋은 일만 기억하고 싶다면 다음과 같이 해보세요. 그 방법은 다음과 같습니다.

　- 컴퓨터 모니터 화면을 상상해 보세요. 그리고 모니터 화면 위에 반드시 지워야 할 파일을 만드세요. 그런 후 마우스를 이용해 나쁜 기억을 모아둔 파일을 드래그해서 휴지통으로 옮기세요. 그런 후 휴지통에 들어있는 파일을 영구삭제하세요. 그리고

는 마지막으로 큰 소리로 다음과 같이 외치세요.

"내 모든 불행한 기억들은 지워졌다. 이제 내게는 기쁘고 행복한 기억만 남아있다."

나에게 보내는 말의 선물

이제 나는 불필요한 기억은 모두 지워버렸다.

내 마음속에는 오직 기쁘고 행복한 기억들로 가득하다.

두 마리 늑대

내 마음속엔 희고, 검은 두 마리의 늑대를 키우며 살고 있죠. 흰 늑대는 온유하고 친절하며 선한 성품을 지니고 있습니다. 반면, 검은 늑대는 게으르고 분노와 질투의 성품을 지니고 있죠.

흰 늑대와 검은 늑대는 항상 나의 내면에서 다투고 싸웁니다. 대개는 검은 늑대가 이깁니다. 왜냐하면, 나는 주로 검은 늑대에게 먹이를 주기 때문이지요. 검은 늑대의 주장은 항상 달콤하고 유혹적입니다. 힘들거나 어려운 문제 앞에서 깨끗하게 포기하기를 권합니다. 하지만 흰 늑대는 힘들어하는 나에게 또 다시 힘든 문제 앞에 서기를 끊임없이 독려하죠.

당신은 지금 어느 늑대에게 먹이를 주고 있나요?

나는 항상 긍정적으로 힘을 주고 용기를 주는 목소리에 마음을 집중할 것이다.

세상을 아름답게 만드는 말과 행동

　좋은 세상으로 변화시키기 위해 노력하는 사람들이 있습니다. 그들의 정신과 행동은 세상을 더욱 아름답게 만들죠.

　그들의 모습을 보며, 나 또한 그들처럼 되고 싶다는 소망을 갖습니다. 하지만 그들처럼 되기는 마음만큼 쉽지가 않은 일이죠. 아직 나에게는 그들처럼 삶을 살아갈 용기가 없는 것일까요?

　하지만 상냥한 태도로 사람들을 대하고 배려가 담긴 친절의 말 한마디로 누군가의 하루를 행복하게 하는 일은 그리 큰 용기를 필요로 하지 않습니다. 오늘 당장이라도 할 수 있는 일이죠. 주위 사람들을 배려하고 따뜻한 마음을 베푸는 일, 나도 그들처럼 세상을 아름답게 할 수 있습니다.

나는 늘 상냥하고 친절한 태도로 사람들을 대한다.

그러므로 나는 주위의 모든 사람들을 편하게 한다.

적절한 소비에 인색하지 마라

자신의 행복을 지키기 위한 적절한 소비는 낭비가 아니라 투자입니다. 행복한 마음을 유지하는 것은 무엇보다 중요한 일이죠. 자신의 소소한 행복을 지키기 위한 소비에 인색하지 마세요.

맛있는 커피 한잔으로 자신의 하루가 행복할 수 있다면 돈을 기분 좋게 쓰세요. 마음이 울적할 때는 무작정 여행을 떠날 수 있는 여유도 가지세요.

부담 가지 않을 정도의 소비로 자신의 하루를 즐겁게 보낼 수 있다면, 기분 전환을 해서 의기소침한 마음에 활력을 불어넣어 줄 수 있다면, 그것은 사치가 아니라 긍정적 투자입니다. 자신에게 수시로 작은 행복을 선물하세요.

나는 나의 행복을 위해서 나에게 매일매일 작은 선물을 준다.

지금 가진 것을 보라

당신은 당신이 생각하는 것보다 더 많은 것을 가졌습니다. 누군가는 당신이 소유하고 있는 그 무엇을 부러워하고 동경하고 있다는 것을 알고 있나요?

지금 당신이 가진 것을 얻기 위해 많은 사람들이 노력했었고, 지금 당신의 자리 역시 많은 사람들이 그 자리에 앉기 위해 도전하였다가 실패한 자리입니다.

당신은 자신이 갖지 못한 것을 바라보며 불행하다고 생각하지만, 누군가는 당신이 가진 것을 보고 당신을 행복한 사람이라고 생각하고 있습니다.

당신은 생각하는 것보다 이미 많은 것을 얻었고, 충분히 행복할 만한 사람입니다. 당신이 불행하다고 생각하는 것은 어디까지나 당신 스스로 만들어낸 감정일 뿐, 이미 당신은 충분히 행복할 만한 조건을 갖춘 사람입니다.

나는 내가 가진 것에 집중한다.
나는 많은 행복의 조건들을 갖추었다.

선택했다면 행동할 때다

결정의 순간, 자신의 판단을 굳게 믿고 자신의 선택이 올바른 선택이라는 확신을 갖고 행동하세요. 자신에 대한 믿음과 미래에 대한 희망을 품고 올바르게 행동한다면 결과 또한 자신의 뜻에 맞추어 그대로 반영될 것입니다.

행동하지 않으면 아무런 의미가 없습니다. 아무리 생생한 시각화를 하고 굳건한 믿음을 가진다하여도 실제적인 행동으로 이어지지 않는다면 어떠한 변화도 없을 것입니다. 행동이야말로 가장 확실한 변화를 일으킵니다.

이제 일어나서 행동하십시오. 자신을 믿고 미래에 대한 기대감과 긍정적인 확신으로 앞으로 나아가세요.

나는 나의 선택을 믿고 행동한다.

어떤 선택이든 행동함으로써 최선의 결과를 만들어 낼 수 있다.

명확하게 기한을 정하라

기한이 없는 목표는 탄알이 장전되지 않은 총과 같습니다. 결정적인 순간에 발사가 되지 않죠. 물론 기한을 정한다고 해서 기한까지 반드시 목표가 이루어진다는 보장은 없습니다. 하지만 기한을 정해두지 않는다면, 목표달성이 늦어질 확률이 높아질 것입니다. 기한을 정하지 않은 목표는 일을 진행할 때 에너지를 발산하는 동력을 잃을 수도 있습니다. 자신의 인생을 불발탄으로 만들지 않으려면 분명하게 기한을 정하고 목표를 향해 전진하세요.

나는 내가 정한 목표를 향해 항상 정조준하고 있다.

내가 정한 때가 되면 정확하게 고지에 도달하여 목표를 쟁취할 것이다.

받은 축복을 헤아려보라

감사의 마음을 지닌 사람은 긍정적인 시각으로 세상을 바라봅니다. 세상을 바라보는 눈이 항상 빛으로 향하고 있죠.

힘들고 괴로운 일에 부딪혔을 때, 자신이 인생을 살아오며 받은 은혜를 헤아려보세요. 감사한 일들을 헤아려보는 것만으로도 평안함이 찾아오고 힘든 일도 이겨낼 힘을 얻게 될 것입니다.

나는 많은 축복을 받은 사람이다.

내가 받은 감사함을 늘 가슴 속에 간직한다.

불필요한 근심은 STOP

백 년도 못사는 인간이 천 년의 근심으로 산다는 말이 있습니다. 사람은 인생을 살아가면서 걱정하고 근심하지 않는 날이 없을 정도로 삶은 고난의 연속입니다. 누구라도 어느 정도의 걱정거리는 갖고 살죠. 하지만 우리는 필요 이상의, 굳이 하지 않아도 될 걱정을 하면서 쓸데없이 많은 에너지를 소모하죠. 아직 닥치지도 않은, 한참 뒤에나 있을 법한 문제로 고민하기도 하죠.

내일을 알 수 없는 숙명을 지닌 사람이, 그때까지 이 세상에 살아 있을지조차 알 수 없는 데도 말이죠.

불필요한 근심에서 벗어나세요. 무의미한 걱정은 이제 멈추세요. 당신의 소중한 에너지를 오늘, 지금, 현재에 투자하세요.

나는 이제 더 이상 무의미한 걱정을 하느라 인생을 낭비하지 않는다.

나는 오로지 현재에 최선을 다한다.

배우려면 자문하고 질문하라

질문의 수준이 생각의 수준을 좌우하게 됩니다. 무엇을 배우기 위해서는 질문은 정말 강력한 흡입력을 발휘하죠. 우리가 어떤 답을 찾느냐는, 어떤 질문을 하느냐에 달려있다고 해도 과언이 아닙니다.

질문은 답을 이끌어옵니다. 그렇지만 명확한 질문을 하기 위해서는 끊임없이 자신 스스로에게 수많은 질문을 던져보아야 합니다. 스스로에게 질문하는 습관을 가져보세요. 정선된 질문이 생각의 수준을 한층 높여줄 것입니다.

스스로에게 하는 자문, 즉 스스로 묻고 답을 찾기 위한 사색은 나의 인생을 옳은 길로 인도하는 현명한 방법이다.

가장 적합한 기회가
찾아오고 있다

　단번에 자신이 목표로 한 그것을 성취할 결정적인 기회가 오지 않는다고 조바심내지 마세요. 급한 마음으로 여러 가지 문제를 해결하려고 한다면, 어쩌면 한 가지도 제대로 해결할 수 없을지도 모릅니다. 지금 자신 앞의 문제부터 우선 해결하세요. 그렇게 차근차근 일을 풀어가다 보면 스스로 놀라워 할 만큼 많은 것이 이루어질 날이 올 것입니다.

　지금 당신에게 가장 적합한 기회가 찾아오고 있는 중입니다. 그렇기에 당신은 준비를 해야 합니다. 준비 과정 중에 실패도 하고, 기회라고 생각한 어떤 일을 놓칠 수도 있겠지만 그때마다 당신은 성장하고 준비되어 가고 있다는 것을 기억하세요. 조금 더 여유를 가지고 눈앞의 기회에 최선을 다하세요.

모든 기회는 나를 높이 올려줄 계단이다.

나는 내게 다가온 작은 기회들을 차근히 밟아나가며 성장한다.

경험의 폭이 사고의 다양성을 결정한다

　　현대 사회는 창의적인 아이디어를 생산하는 사람을 요구하죠. 복잡하고 변화가 심한 예기치 못한 문제들을 효과적으로 해결하기 위해서는 창의적인 사람이 필요하기 때문입니다. 창의적인 생각은 다양한 경험을 통해 발휘됩니다. 제한적이고 단편적인 경험을 한 사람의 생각은 누구나 할 수 있는 일반적인 수준을 넘지 못합니다. 왜냐하면, 인간은 자기가 알고 있는 지식 안에서만 생각하기 때문입니다.

　　다양한 경험을 쌓으세요. 다양한 경험을 통해 사고의 폭을 넓히면 다채롭고 창의적인 생각을 할 수 있습니다. 경험을 통해 얻은 창의적인 사고방식이 당신을 반드시 필요한 사람으로 인정받게 할 것입니다.

　　나는 다양한 경험을 쌓는다. 그래서 그 경험들을 바탕으로 폭넓고 창의적으로 사고한다.

지나친 경쟁의식을 버려라

인생을 살아감에 있어서 잊지 말아야 할 것은 자신의 길을 걸어야 한다는 것입니다. 다른 사람을 앞지르는 것이 아니라 자기 스스로를 꾸준히 이겨나가는 것이 성공의 지름길입니다. 당신이 극복해야 할 사람은, 경쟁자가 아니라 자기 자신임을 기억하세요.

자신만의 레이스를 펼치세요. 경쟁자들의 일거수일투족에 신경쓰다보면 정작 중요한 자신의 일은 하지 못할 수도 있습니다. 경쟁자들이 무엇을 하든, 당신이 해야 할 일들이 달라지지는 않습니다. 경쟁자들을 견제할 힘이 남아있다면 자신의 일에 더 집중하고 힘을 쏟으세요. 당신은 자신이 할 수 있는 그것에 최선을 다하면 됩니다.

내가 이겨야할 대상은 경쟁자가 아닌 나 자신이다.

나는 나 자신에게 집중하고 내가 해야 할 일에 집중한다.

당신은 성공할 운명이다

성공하는 인생은 스스로 책임지며 찾아가는 길입니다. 당신은 자신의 앞을 가로막는 장애물을 뛰어넘을 수도 있고 그것에 가로막혀 포기할 수도 있습니다. 그것은 오로지 자신의 선택이며 전적으로 자신의 책임입니다.

그러나 분명한 사실은, 당신은 성공할 운명을 타고났다는 것입니다. 때문에 당신은 성공할 수밖에 없습니다.

큰 소리로 소리쳐보세요.

"나는 성공할 운명을 타고났다. 나는 성공할 운명을 타고났기에 오직 성공밖에 할 수 없다."

나는 성공할 운명을 타고 났다.

나의 인생이 성공한다는 것은 피할 수 없는 내 운명이다.

Success usually comes to those who are too busy to be looking for it.

성공은 대개 그것을 좇을 겨를도 없이
바쁜 사람에게 온다.

목표, 열정, 성공한 사람들, 시대흐름,
관찰과 분석, 긍정주의, 배려, 신의 선물, 고정관념, 창의력, 적응력…

확고한 목표를 지녀라

목표가 없다면 자신의 인생이 어디로 흘러가는지 알 수 없습니다. 그러기에 목표설정에 대한 중요성은 아무리 강조해도 지나치지 않습니다. 무엇보다 우선 명확한 자신의 목표를 설정하세요. 세상은 자신이 가고자 하는 길을 알고자 노력하는 사람에게만 길을 열어줍니다.

나는 분명한 목표를 설정할 것이다.

나는 내가 지향하는 방향으로 인생을 이끌어갈 것이다.

성공한 사람들을 배워라

성공학은, 미국의 작가이자 대통령 자문관으로 활약한 나폴레온 힐(Napoleon Hill)이 부자들의 성공비결을 연구하여 확립된 학문입니다.

나폴레온 힐이 성공학을 연구하게 된 배경은, 성공한 사람들의 생각과 행동을 배우고 익힌다면 많은 사람들이 그들처럼 성공할 수 있을 것이라는 생각에서였습니다. 그리고 실제로 성공학을 공부한 사람들이 성공한 그들처럼 생각하고 행동하자 부를 축적하게 되었고 성공하는 사람들이 많아졌습니다.

성공한 사람들을 관찰하고 분석해 보세요. 그들의 성공에 대한 긍정적인 생각과 행동을 당신의 것으로 만든다면 당신도 그들처럼 성공할 수 있을 것입니다.

나는 성공한 사람들의 다양한 장점들을 보고 배운다.

나는 그들의 모든 장점들을 내 것으로 만들고 그들을 능가하기 위해 노력할
것이다.

고통과 즐거움

　인간은 본능적으로 고통은 피하고 즐거움은 누리려고 합니다. 하지만 고통과 즐거움은 인간의 삶에 항상 공존하죠. 그렇다면 좀 더 쉽게 무거운 물건을 옮기는 지렛대의 활용처럼 즐거움과 고통의 생각을 잘 활용한다면 비교적 짧은 기간에 효과적으로 자신의 행동을 결정할 수 있을 것입니다.

　담배를 끊고자 한다면 담배에 대한 다양한 부작용을 인지하고 담배를 피우고 싶을 때마다 자신에게 '내가 이 담배를 피운다면 어떤 대가를 치르게 될까?'하고 자문하여 흡연의 즐거움과 건강을 잃은 고통을 연결해 보세요. 또한 매일 운동하고자 하는 습관을 기르고 싶다면 운동이 자신에게 어떤 유익을 주는지를 먼저 인지하세요.

고통을 피하고 싶은 본능이 담배를 피하게 만들고, 즐거움을 누리고자 하는 본능이 운동을 하고 싶게 만드는 동기를 부여해 줄 것입니다.

나에게 보내는 말의 선물

나는 사랑하는 사람들과 즐거움을 오래오래 유지하기 위해 습관화된 좋지 않은 행위들에 대해서 과감하게 절교를 선언한다.

시대흐름을 파악하라

어느 시대나 그 시대를 관통하는 시대흐름이 있습니다. 성공하는 사람들은 항상 시대흐름에 촉각을 세우고 예민하게 반응하죠. 어느 누구도 자신이 살고 있는 시대흐름에서 벗어날 수 없습니다. 설령 누군가가 시대흐름에 관심을 갖지 않고 먹고 사는 일에만 매달린다하여도 시대흐름을 따라가지 못한다면 먹고 사는 일조차 심각한 위협을 받을 수도 있습니다.

자신이 살고 있는 시대가 현재 어떤 문제를 갖고 있고 앞으로 어떻게 흘러갈 것인지에 관심을 기울이세요. 전문가들의 의견을 참조하고 다양한 정보를 통해 시대가 요구하는 기본적인 지식들을 습득하세요. 그래서 스스로 앞으로 다가올 미래를 예측해 보세요. 시대흐름을 파악하고 자신의 삶을 성실히 준비한

다면 결코 세상의 흐름에 뒤떨어지는 낙오자가 되거나 생존의
위협에 시달리지 않게 될 것입니다.

나에게 보내는 말의 선물

나는 시대흐름을 읽어내고 분석한다.
나는 미래를 성실히 준비하여 내가 정한 목표를 성취할 것이다.

진정한 자유인

사람들은 자기 자신에 대한 불신과 책임에 대한 두려움 때문에 자신이 져야할 선택의 권리를 부모 또는 자신이 기댈만할 누군가에게 넘겨줍니다. 그리고는 자신에게는 어떤 책임도 없다는 착각을 하죠.

하지만 인생의 모든 선택권과 책임은 최종적으로 자신에게 돌아옵니다. 아무리 자신은 책임이 없다고 소리친다 하여도 누구도 인정하지 않습니다. 자기인생의 핸들을 잡고 있는 것은 결국 자기 자신입니다.

진정한 자유인은 스스로 자신의 일을 선택할 권리를 갖고, 책임과 의무를 다하고 있는 자의 이름입니다. 스스로 선택하고 책임지는 자유인이 되세요.

내 인생은 내가 결정한다. 내 인생의 주인은 나다.

나는 나와 관련된 모든 일에 대해 스스로 선택하고 책임진다.

스스로 해결책을 찾아라

문제가 없는 인생은 없고 또한 문제가 없는 순간도 없습니다. 문제를 경험하고 문제를 해결하며 사는 것이 인간의 삶이니까요.

왜 나에게 이런 힘든 문제가 일어났느냐고 투덜대고 불평해도 문제는 결코 사라지지 않을 것입니다. 오히려 자신에게 닥친 문제를 빨리 해결하지 않는다면 더 크고 곤란한 많은 문제를 동시에 겪게 될지도 모를 일이죠.

문제를 해결하는 일에 자신의 온 힘을 집중하세요. 당신이 충분히 문제에 집중한다면 예상보다 쉽게 해결책을 찾아낼 수 있을 것입니다.

나에게 닥친 힘들고 어려운 문제에 대하여 투덜대며 불평하지 말자.

나는 문제를 해결하는 일에 집중하여 최상의 해결책을 찾아낼 것이다.

인생의 모범답안은 없다

인생에서 경험하게 되는 문제들은 능력을 판별하기 위해 치르는 시험지 안의 문제와는 문제 자체가 전혀 다릅니다. 학교시험, 입학시험, 입사시험 등 시험지 속의 문제들은 선택지 속에 숨겨진 모범 답안을 찾아내면 되지만, 인생의 문제에는 모범답안이라고 할 수 있는 정답이 존재하지 않죠.

인생의 모든 문제들은 나름의 이유와 가치를 지니고 있으며 또한 그에 상응하는 부정적인 면도 있습니다. 인생은 선과 악, 옳고 그름의 잣대만으로는 평가할 수 없기 때문이죠. 그러기에 무엇을 선택해야 할 때, 시간을 갖고 선택지를 분석해야 합니다. 다면적인 삶의 모습을 염두에 두고 각각의 면들을 살펴보면서 신중히 자신에게 주어진 문제에서 가장 현명한 선택을 하세요.

나는 나에게 주어진 문제를 면밀히 분석하여 최선의 선택을 한다.

그리고 최선의 선택을 한, 나를 증명하기 위해 노력할 것이다.

긍정주의자가 되라

긍정적인 시각과 부정적인 시각,

어느 관점의 시각이 옳다고 단언할 수는 없습니다. 두 시각
모두 세상을 바라보는 주관적인 관점이 있으니까요. 하지만 유,
불리를 따진다면 단연코 긍정적인 시각이 절대적이죠. 왜냐하면
비관주의자는 자신에게 찾아온 기회에서 고난의 시간을 바라보
지만 낙관주의자는 고난 뒤에 숨겨진 기회를 보기 때문입니다.

긍정적인 사람들은 자신에게 다가온 기회를 잡기 위해 행동
을 함으로써, 때로 기회를 놓치기도 하고 잡기도 합니다. 하지만
부정적인 사람들은 완벽한 기회를 기다리느라 자신에게 다가온
좋은 기회조차 놓치는 경우가 많습니다.

긍정적인 시각을 가지세요. 물론 그것이 반드시 성공을 보장

하지는 않더라도 적어도 하늘에서 기회가 떨어지기만을 기다리는 바보를 만들지는 않을 것입니다.

나는 늘 낙관론적인 자세를 유지한다.

나는 모든 상황을 긍정적인 시각으로 바라보며 기회를 찾아낼 것이다.

대가 지불의 법칙

필요한 것을 자신의 소유로 하기 위해서는 반드시 그에 상응하는 값을 지불해야하듯이 원하는 것을 얻기 위해서는 그 가치에 합당한 대가를 지불해야 합니다. 어느 누구도 대가를 지불하지 않고서는 원하는 것을 얻을 수 없죠. 이것을 대가 지불의 법칙이라고 합니다.

대가 지불의 법칙을 인생의 법칙에 적용해 보면, 그것은 축복일 수 있습니다. 대가를 지불해야만 원하는 것을 얻을 수 있다면, 그것에 대한 대가를 지불한다면 반드시 원하는 것을 얻을 수 있다는 말이기도 하니까요.

자신이 원하는 것을 위해서 기쁘게 대가를 지불하십시오. 지불한 대가만큼의 것을 반드시 얻을 수 있을 것입니다.

나에게 보내는 말의 선물

대가를 지불하면 반드시 원하는 것을 얻을 수 있다.

나는 원하는 것을 얻기 위해서 기쁘게 대가를 지불할 것이다.

세상이 필요로 하는 것을 포착하라

세상의 모든 문제 속에는 그 문제를 해결함으로써 좀 더 진보된 세상을 만드는 소중한 기회가 숨겨져 있습니다. 대부분의 성공스토리는 세상에 떠도는 불만과 문제를 명확히 인식하고 그것을 기회로 바꾼 사람들의 이야기이며, 그들에 의해 세상은 발전되어 왔습니다.

좋은 아이디어를 찾고자 한다면, 사람들이 무엇에 불만을 갖고 있는지를 잘 관찰하세요. 사람들이 불편해 하는 것이 무엇인지, 그들이 필요로 하는 것이 무엇인지 잘 살펴보세요. 그리고 그 필요를 채우기 위해서 자신은 어떻게 해야 할 지를 생각해 보세요. 세상의 필요 속에 성공을 위한 멋진 아이디어와 당신의 가치를 드러낼 길이 숨어있습니다.

나에게 보내는 말의 선물

나는 사람들이 무엇을 필요로 하는지 포착하기 위해 노력할 것이다.

나는 사람들의 필요를 채우기 위한 번뜩이는 아이디어를 생산한다.

계획을 세워라

목표를 세웠습니까?

그렇다면 이제 계획을 세워야죠. 목표를 세웠으면 계획을 세워야하는 이유는 분명합니다. 어떤 일도 계획 없이는 체계적으로 나아갈 수 없기 때문입니다.

'우선적으로 먼저 시작해야 할 일은 무엇인가?'

'현재 활용할 수 있는 자원에는 어떤 것들이 있을까?'

'사전에 필요한 정보는 무엇일까?'

스스로 이러한 질문들에 대한 답을 찾아가면서 목표를 분석해 보세요. 그리고 분석한 자료에 맞추어 계획을 세워 보세요. 목표를 분석하여 계획을 세웠다면 이전보다 목표를 향한 일의 과정을 체계적으로 성취해 나갈 수 있을 것입니다.

나는 항상 목표에 적합한 계획을 세운다.

나는 계획에 따라 체계적으로 목표를 향해 전진한다.

배려 [配慮]

　　바람직한 인간관계를 유지하기 위해서는 상대방을 이해하는 배려의 마음이 있어야 합니다. 손뼉도 마주쳐야 소리가 나듯 상대방을 이해하려는 마음가짐을 갖출 때, 상대방 또한 신뢰의 마음을 갖추고 나를 대하기 때문에 자연스럽게 우호적인 인간관계가 형성됩니다.

　　남에게 양보하고 자신을 낮추고 배려하는 것은 손해를 보는 일이 아닙니다. 작은 선행은 비록 잘 드러나지는 않지만 그것이 쌓여 밝은 사회를 만들듯이, 다른 사람을 배려하는 마음 또한 자신의 인생에 긍정적인 이력을 더합니다. 우선 배려하고 이해하는 마음을 갖춘 사람은, 사람들의 마음을 얻습니다. 배려의 마음은 좋은 향기를 뿜어내는 것과 같은 행위이기 때문에 자연스럽게 그 사람의 곁으로 사람들이 부담 없이 다가옵니다.

그들이 당신에게 행운과 기회를 안겨 줄 선물과 같은 존재입니다. 선한 마음으로 다른 사람을 이해하고 배려하세요.

나는 배려심이 있는 사람이다. 다른 사람의 입장을 이해하고 그들을 배려해 주기 위해 노력한다.

자신이 가진 것에 감사하라

우리는 늘 자신이 가진 것이 부족하다고 투덜대지만 사실 그렇게 불평할 수 있는 것도 여유가 있기 때문입니다. 식량부족으로 굶주림에 죽어가는 사람들과 내일을 기약할 수 없는 전쟁의 포화 속에 살아가는 사람들을 생각한다면, 자신이 지금 얼마나 행복한 환경에서 살아가고 있는지 생각해볼 수 있을 것입니다.

지금 자신이 가지고 있는 것에 집중하세요. 소소하고 작은 것에도 감사하는 마음을 간직하세요. 당신이 누리는 소소하고 작은 것들이 누군가에게는 정말 간절하고 절실한 바로 그것입니다.

나는 사소하고 작은 일에도 감사함을 느낀다. 또한 내가 받은 모든 축복과
누리는 모든 것들에 늘 감사한 마음을 가진다.

당당함을 잃지 말라

　힘없이 어깨를 늘어뜨린 모습을 보이지 마세요. 소심하고 두려움이 가득한 얼굴은 어느 누구에게도 신뢰감을 주지 못합니다.

　신뢰감을 주지 못한 당신의 말에 어느 누가 수긍할 수 있을까요. 어느 곳에 있든, 누구를 만나든 당당함을 잃지 마세요. 고개를 들고 가슴과 허리를 펴고 여유 있는 미소와 온화한 분위기로 항상 자신감 있는 표정을 유지하도록 노력하세요. 누가 보아도 신뢰할 만큼 자신에 대한 자부심과 당당함을 가지세요.

나는 어디에 있든 늘 자신감이 넘치는 모습을 보인다.

나는 누구를 만나든 항상 당당한 태도를 유지한다.

주어진 일을 사랑하라

　자신에게 주어진 일을 기쁘게 받아들이며 일하고, 이루어 놓은 일을 만족해 하며기뻐하는 사람은 행복한 사람입니다. 비록 작고 쉬운 일이라고 하더라도 자신에게 주어진 일에 최선을 다 하세요.

　자신에게 주어진 상황에 만족하고 행복을 느끼면서 그 일을 행하는 당신에게는 더 큰 성장의 기회가 찾아올 것입니다.

나는 내게 주어진 일을 사랑한다. 그러므로 행복하다. 지금의 행복은 더 큰 행운을 불러올 것이다.

작은 기회를 소홀히 하지 말라

큰일을 이루기 위해서는 눈앞의 작은 기회를 소홀히 하면 안 됩니다. 자신의 인생을 크게 변화시킬 만한 획기적인 기회를 기다리느라 작은 기회를 흘려버리는 것은 어리석은 일입니다.

작은 기회라고 가볍게 보지 마세요. 소중하지 않은 기회는 없습니다. 그 작은 기회가 결정적인 기회를 얻기 위한 초석일 수 있음을 명심하세요. 어떤 기회가 어떻게 연결될지는 누구도 알 수 없는 것이니까요.

내게 다가오는 모든 기회는 소중하다.

나는 작은 기회를 활용하여 최고의 기회로 만들어낼 것이다.

벼랑으로 뛰어들기

　때로는 실패할 것이 분명한, 실패할 수밖에 없는 무모한 일임에도 도전해야할 때가 있습니다. 세상의 변화는 이러한 도전의 역사로 이루어진 것입니다. 자신이 설정한 목표를 당성하기 위해서 도전하여 배워야할 것이 있다면 떨어질 것을 알면서도 벼랑으로 뛰어들어야 합니다.

　자신에게 실패할 수 있는 기회를 주세요. 실패할 기회를 포기한다면 그것은 앞으로 나아갈 기회를 포기하는 것입니다. 실패를 무릅쓰고 과감히 벼랑으로 뛰어드세요.

단 한 번의 시도만으로 목표에 도달할 수 있다고 생각하지 않는다.

나는 얻을 수 있는 것이 있다면 과감히 실패를 경험할 것이다.

신이 바라는 것

신이 인간에게 바라는 것은 더 나은 존재로 발전하는 것입니다. 그래서 신은 인간이 간절히 염원하는 기도를 모두 들어줍니다. 더불어 신은 인간이 단순히 원하는 것만을 주는 것이 아니라 인간 스스로 능력을 키울 수 있는 기회를 주고, 그 과정에서 우리가 더 성숙하고 더 현명해지도록 배려합니다.

신은 당신의 기도를 반드시 들을 것입니다. 그리고 꿈을 성취할 기회를 줄 것입니다. 하지만 그 과정을 통해 어떻게 성장할 것인지는 전적으로 당신의 몫입니다.

내게 주어진 모든 환경과 상황들은 신의 선물이다.

나는 삶의 모든 과정을 통해서 더 성숙하고 행복한 인생을 창조해 나간다.

소소한 행복을 놓치지 말라

가슴 속에 품은 꿈을 이루기 위해 최선을 다해야 하지만 그렇다고 해서 지금 누릴 수 있는 소소한 일상의 행복들을 놓치지 마세요. 생활 속에서 소소한 즐거움을 누리는 것 또한 행복한 삶을 위해 반드시 필요한 일입니다.

안타깝게도 많은 사람들이 남들이 부러워하는 큰 행복만을 소망하며 눈높이를 조금만 낮추면 이미 자신의 곁에 머물고 있는 소소한 기쁨을 외면하며 살아갑니다.

꿈을 이루는 것, 자신이 목표로 한 목적지에 도착하는 것도 중요하지만 꿈을 이루어가는 과정에서의 행복 또한 누릴 수 있어야 합니다. 지금 행복할 수 없다면, 앞으로도 행복할 수 없을 것입니다.

나는 지금 누릴 수 있는 작고 소소한 행복들을 마음껏 누릴 것이다.

자신을 믿어라

타인에 대한 불신보다 위험한 것은 자기 자신에 대한 불신입니다. 자신을 믿지 못하는 사람은 어떤 성과도 이룰 수 없습니다. 인생의 승부에서는 어려움 때문에 패배하는 것보다 자신을 신뢰하지 못해 실패하는 경우가 더 많음을 명심하세요.

진정한 재능이란 강한 확신으로 자신의 잠재되어 있는 능력을 최대한 끌어내는 것입니다. 당신은 분명 무엇이든 할 수 있는 무한한 잠재력을 갖고 있습니다.

수시로 다음과 같이 말하세요.

"어려움도 있겠지만 나는 충분히 이겨낼 수 있어."

자신에 대한 굳건한 믿음과 신뢰는 어떤 역경도 이겨낼 수 있는 가장 큰 힘이 된다는 것을 꼭 기억하세요.

나는 나를 신뢰한다.

나는 어떤 어려움도 이겨낼 수 있다.

행복한 인생을 창조하는 말〔言〕

말은 입 밖으로 분출되는 순간부터 살아 움직이며 나름의 창조적인 힘을 발휘합니다.

성경에 의하면, 우주는 신의 말씀으로 창조되었다고 합니다. 그렇다면 당연히 신을 닮은 인간의 말(言)에도 창조력이 담겨 있을 것입니다. 당신이 한 말들이 모여 당신의 인생을 창조합니다.

항상 말을 조심스럽게 사용하고, 부정적인 말은 절대 입에 담지 마세요. 오직 긍정적이고 희망이 가득한 말만하세요. 성경의 잠언 '18장 21절'에는 다음과 같은 구절이 있습니다.

'죽고 사는 것이 혀의 권세에 달렸느니, 혀를 쓰기 좋아하는 자는 그 열매를 먹으리라.'

사람은 혀의 열매를 먹는다는 사실을 깊이 기억하세요.

"나는 행복해질 것이다.", "나는 성공할 것이다.", "나는 내 마음의 모든 소망들을 이룰 것이다."

내가 항상 하는 말은 반드시 나의 현실이 될 것이다.

적응력 [適應力]

강물은 앞을 가로막는 모든 장애물에 대해, 스스로를 굽히고 적응해 나아가며 마침내 바다에 이릅니다. 사람의 삶 또한 수없이 다양한 상황과 환경을 맞이하며 살아가야 하죠. 어린 시절, 학창시절을 비롯하여 사회생활을 하면서도 수시로 새로운 환경에 적응해야 하죠. 사람은 생을 마감하는 순간까지, 끊임없이 새로운 환경에 순응하며 살아갈 수밖에 없습니다. 그렇다면 변화되는 환경에 신속히 자신을 맞출 수 있도록 적응력을 키우는 것이 성공하는 인생을 만드는 가장 좋은 방법일 것입니다. 환경의 빠른 변화에 불평하기보다 새로운 환경을 유연한 마음으로 받아들이는 습성을 갖추세요.

나는 적응력이 뛰어나다.

나는 새로운 환경이나 어떤 어려운 상황에도 유연하게 적응한다.

결단 〔決斷〕

결단의 한자어는 '결정하다'라는 의미의 결(決)과 '끊다, 자르다'의 의미인 단(斷)으로 이루어져 있습니다.

영어의 결단'decision'은 라틴어의 '~로 부터'의 의미인 'de'와 '자르다'를 의미하는 'caedere'에 어원을 두고 있습니다.

'결단'의 진정한 뜻은 무엇을 결정한다는 의미보다는 무언가를 잘라내는데 더 중요한 의미가 있습니다. 즉, 결단이란 어떤 것을 이루기로 선택한 다음에는 그 외의 불필요한 사항들은 잘라내 버린다는 의미입니다. 예를 들어, 건강을 유지해야겠다고 결심을 했다면 좋아하는 담배, 즐기는 술 등 건강에 해가 되는 습관들을 과감히 끊어내야 합니다. 무언가를 성취하고자 한다면 결단해야 한다는 것을 명심하세요.

나는 결단력 있는 사람이다.

나는 내가 선택한 것 외의 모든 불필요한 것들은 과감히 제거한다.

건강은 무엇보다 소중하다

'건강은 건강할 때 지켜야 한다'는 말이 있습니다.

대부분의 사람들은 지금 누리고 있는 건강의 축복이 자신에게 오래오래 머물 것이라고 장담합니다. 하지만 무절제한 생활습관과 식사습관을 유지하면서 건강을 오래도록 지킬 수는 없습니다. 또한 누구에게도 건강을 무시할 권리가 없습니다. 왜냐하면, 건강을 잃으면 주위사람들에게 힘겨운 짐이 되기 때문입니다.

건강은 무엇보다 소중합니다. 가장 어리석은 일 중 하나는 경제적인 이익을 얻기 위해 건강을 희생시키는 일입니다. 그 어떤 것도 건강만큼 가치 있는 것은 없습니다. 재산이 아무리 많은 부자라도 큰 병이 들었다면 자신의 모든 재산을 주어서라도 건강을 구하고 싶을 것입니다. 육체는 영혼의 집과 같습니다. 집이 황폐해지지 않도록 스스로 점검하고 잘 돌보세요.

나에게 보내는 말의 선물

나는 건강을 소중히 지킬 것이다. 그리하여 행복한 삶을 오래오래 영위할 것이다.

용기 [勇氣]

두려움은 인간의 본성이기에 두려움이 없는 사람은 없습니다. 많은 사람들에게 존경을 받는 인물들은 두려움을 극복한 사람들을 말합니다. 그들 역시 위기와 고통의 시간이 있었지만 끊임없이 두려움을 극복하고자 스스로를 독려했기 때문에 위대한 업적을 남길 수 있었던 것입니다.

진정한 용기는 두려움과 맞서 싸워서 이기는 것이 아니라 두려움 속에서도 결코 포기하지 않으며 승리를 바라보고 행동하는 것입니다.

나는 용기 있는 사람이다. 어떤 두려움 속에서도 결코 꿈을 포기하지 않는다.
나는 반드시 내 꿈을 이루어낼 것이다.

생각이 나를 창조한다

당신은 지금 어떤 생각을 하고 있습니까?

최근 당신의 머릿속을 꽉 채운 그 생각은 무엇인가요?

생각은 모든 행위의 원인이 됩니다. 당신의 생각은 당신의 내면을 지배하고, 당신에게 어떠한 행동을 일으키도록 유도하며, 반드시 어떠한 결과물을 만들어냅니다.

지금 당신이 하고 있는 생각은 또다시 새로운 당신을 창조해낼 것입니다. 현재의 당신의 모습은 과거의 당신이 반복적으로 한 생각이 만들어낸 창조물입니다.

나의 생각이 나의 삶을 만든다.

나는 항상 긍정적으로 생각하여 긍정적인 변화를 창조한다.

생각은 끌어당기는 힘이 있다

생각은, 자석처럼 생각하는 것을 끌어당기는 힘이 있습니다. 세상의 모든 사물은 그것을 좋아하는 사람에게 모이는 법이죠. 골동품을 좋아하는 사람에게는 골동품이 몰려들고, 미술품을 사랑하는 사람에게는 미술품이 모여듭니다. 물론 돈을 좋아하는 사람에게는 돈이 모입니다.

사람은 무엇을 생각하고 바라는 바에 따라 무엇인가를 추구하고 그것을 찾아가는 존재입니다. 그래서 항상 우리가 어떤 생각을 하고 있는지 자신의 내면을 살피고 관심을 갖고 살아야 합니다.

자신이 진정으로 원하는 것을 항상 생각하세요. 당신이 오늘 생각한 그것이 내일 당신을 찾아갈 것입니다.

생각은 끌어당기는 힘이 있다.

나는 생각의 힘을 이용하여 내게 필요한 기회와 자원들을 끌어당긴다.

고정관념을 벗어나라

고정관념은 징크스와 비슷한 면이 있습니다. 징크스는 몇 번의 사소한 경험을 통해 만들어진 일종의 신념과 같은 것이죠. 예를 들어, 어떤 속옷을 입었는데 일이 잘 풀렸던 경험이 자신의 뇌리에 새겨져서 마치 그 속옷이 행운을 가져다준 것 같은 착각을 일으켜서 징크스를 만들어냅니다. 고정관념 또한 이와 같습니다. 몇 번의 경험을 통해 얻어진 지식이 마치 모든 경우에 적용할 수 있는 것처럼 여겨지죠. 그러나 다양한 문제를 해결하기 위해서는 이러한 고정관념에서 벗어난 유연한 생각이 필요합니다. 자신의 눈을 흐리게 만드는 고정 관념에서 벗어나세요. 이전에는 해결할 수 없었던 문제들이 새롭게 떠오르는 새로운 방식으로 실마리를 찾을 수 있을 것입니다.

나는 고정관념에서 벗어나 유연하게 사고한다.

나는 항상 창의적이고 효율적인 해결책을 찾아낸다.

완벽한 준비에서 자신감이 나온다

자신감은 쉽게 얻어지는 것이 아닙니다. 스스로 자부심을 느낄 만큼 완벽한 준비를 갖추었을 때 강한 자신감이 생깁니다. 완벽하게 준비된 사람은 어떤 상황에서도 당황하지 않고 자신이 쌓아온 실력을 확실하게 보여줄 수 있죠.

성실한 준비로 인한 자신감은 굳이 드러내 보이지 않으려고 해도 자연스럽게 표출되기 마련입니다.

모든 일에 철저히 준비하는 자세를 가지세요. 철저한 준비가 성공비결입니다. 자신감은 완벽한 준비에서 나온다는 것을 명심하세요.

자신감은 완벽한 준비에서 나온다.

나는 모든 일에 철저히 준비하여 강한 자신감을 가진다.

열정 [熱情]

열정 없이 꿈을 성취한 사람은 없습니다. 아무리 작고 사소한 일이라도 열정이 없다면 어떤 것도 제대로 이루어낼 수 없죠. 인생은 단 한 번뿐이고 인생에서 자신이 원하는 것을 쟁취하기 위해서는 끊임없이 다가오는 문제들을 스스로 헤쳐 나가야 합니다.

자신에게 닥친 문제를 열정적으로 대하는 자세야말로 성공하는 사람들의 특성입니다. 열정을 갖고 최선을 다할 때, 문제해결에 필요한 정보와 기회가 생기고 막힌 문이 열릴 것입니다.

나는 어떤 일이든 열정적으로 최선을 다한다. 그러므로 최선의 결과를 만들어낸다.

희망〔希望〕

희망이 없으면 의욕도 야망도 생기지 않기 때문에 어떤 일이든 열정을 갖고 할 수 없습니다. 희망이 없는 사람은 인생에서 어떤 가능성도 찾지 못하고 스스로 자멸할 수 있습니다.

희망은 잠들어 있는 인간을 깨웁니다. 희망을 품으세요. 어떤 절망 속에서도 결코 희망을 버려서는 안 됩니다. 희망을 포기하지 않는 당신을 위해, 반드시 당신을 위한 선물이 준비되어 있을 것입니다. 벅찬 기대감을 가슴에 안고 당신을 위해 준비된 선물을 찾아내세요.

나는 결코 희망을 버리지 않는다.

나는 나를 위해 준비된 선물을 기꺼이 받을 것이다.

Seeing much, suffering much,
and studying much,
are the three pillars of learning.

많이 보고
많이 겪고
많이 공부하는 것은
배움의 세 기둥이다.

\#
기본기, 변화, 칭찬, 성장, 습관, 결단,
신념, 자기연민, 열정, 지혜…

풍성히 칭찬하라

칭찬은 귀로 먹는 보약과도 같습니다.

학생은 좋은 선생님을 만나게 되면, 공부에 관심을 보이고 성적이 향상되는 등 바람직한 변화를 나타내죠. 이러한 변화는 대개 선생님의 칭찬의 교육방식 때문일 경우가 많습니다. 선생님의 칭찬 한마디가 아이에게 학교생활에 대한 긍정의 동기를 부여한 것이지요. 좋은 선생님은 풍성히 칭찬하는 것이 습관이 된 분입니다.

진심 어린 칭찬 한마디는, 사람의 미래를 변화시키기도 합니다. 칭찬 한마디가 누군가에겐 인생의 터닝 포인트가 되기도 하고, 조직 전체에 중요한 결과를 낳기도 하죠. 칭찬한 일은 풍성히 칭찬하세요.

나는 사람들의 장점을 찾기 위해 노력한다.

나는 사람들의 자존감을 높여 준다.

능력이 기회를 부른다

능력 있는 사람이 설자리가 없어 허둥거리며 괴로워하는 것을 본 적이 있습니까?

세상은 능력 있는 사람을 절대로 가만히 내버려두지 않습니다. 능력이 있는 사람은 서로 필요하다며, 없는 자리를 특별히 급조해서라도 자리를 마련합니다.

당신은 선망하는 자리에 올라선 친구를 부러워 할 것이 아니라, 그 곳에 올라서지 못한 자신의 능력을 바라보며 자신 또한 능력을 키워야 합니다.

기회는 항상 존재합니다. 기회 없음을 한탄하며 핑계거리를 만들지 마세요.

문제는 기회를 잡을 능력이 있느냐는 것의 문제입니다.

나는 능력을 키워 내가 원하는 기회를 나의 것으로 만들겠다.

많은 기회가 나를 위해 준비되어 있으며 나를 기다리고 있다.

사람의 가치

사람의 가치는 '무엇을 소유하고 있는가?'로 결정되지 않습니다. 그것은 자신을 어떻게 생각하며, 무엇을 추구하는 사람인가에 달려있습니다.

자신의 삶에서 스스로 행복을 느끼지 못한다면 남들이 부러워하는 자신의 자리, 피땀 흘려 쌓은 부 등, 남들은 부러워하는 그것들은 실상 큰 의미가 없습니다.

그의 모습에서 희망과 열정을 찾아볼 수 없고, 그의 삶에서 행복을 느낄 수 없다면, 부귀영화가 무슨 의미가 있겠습니까?

그러나 당신의 영혼을 이끄는, 당신의 가슴을 뛰게 하는 곳으로 열정적으로 희망을 안고 달려가고 있다면 비록 지금 가진 것이 없을지라도 당신은 누구보다 가치 있는 삶을 살고 있는 것입니다.

내가 가진 것이 나의 가치를 결정하는 것이 아니라, 내가 추구하는 것이 나의 가치를 결정한다.

꿈을 현실로 만드는 사람

세상에는 세 종류의 사람이 있습니다.

꿈만 꾸는 사람, 현실만 보는 사람, 그리고 꿈을 현실로 만드는 사람입니다.

아무런 계획도 행동도 없이 스스로 만든 꿈속 세상에서만 사는 사람은 꿈을 이룰 수 없습니다. 또한 오직 차가운 이성으로 현실만 보는 사람도 자신의 꿈을 이루기에는 부족합니다.

꿈을 현실로 만드는 사람은, 확고한 신념과 목표의식을 가지고 구체적인 계획을 세워 실천할 줄 아는 사람입니다.

나는 꿈을 현실로 만들어 내는 사람이다.

나는 내가 목표로 한 모든 일들을 반드시 현실로 만들어낼 것이다.

기다리는 법을 배워라

삶은 기다림의 연속입니다. 길고 긴 기다림이 있은 끝에야 비로소 벼는 무르익고, 감추었던 열매를 드러낼 것이며, 결실을 맺을 것입니다. 가슴 속으로 상상하고 있는 자신의 꿈이 완성되기 위해서는, 오랜 인고(忍苦)의 세월을 기다려야할지 모릅니다.

성급한 열정에 휩싸이지 않고 순리적으로 그것을 견뎌낸 사람에게, 인내의 세월을 견딘 위대한 심성이 드러날 것입니다. 무르익어서 알맞은 열매가 맺을 때까지 기다리는 법을 배우세요.

나를 인내하게 하는 지금의 시간은 기다림의 시간이다.

나는 모든 일에 여유를 갖고 차분히 때를 기다린다.

더욱 향상된 삶을 기대하라

무언가를 크게 기대하였다가 이루어지지 않았을 때, 낙담한 마음에서 오는 상실감은 이루 말할 수 없이 큽니다. 하지만 기대하는 마음, 상실감이 드는 마음도 정상적인 마음입니다. 아무것도 기대하지 않고 무엇을 얻을 수 있을까요. 중요한 것은, 어떤 일에도 좌절하지 않는 강한 마음을 지니도록 노력하는 것입니다.

당신은 지속적으로 행복한 삶, 더 나은 삶을 기대하세요. 노력한 후의 기대감이 원하는 현실을 만드는 힘이라는 것을 잊지 마세요. 지금 이 순간도 무언가를 기대하고 바라는 마음이 자석처럼, 당신이 기대하는 그것을 끌어당기고 있는 중입니다.

나에게 보내는 말의 선물

지금 이 순간, 아름답고 행복한 일과 행운이 나에게 다가오고 있다.

자기연민에서 벗어나라

자신의 불행한 과거나 현실의 비참함을 토로하면서, 스스로를 비하하며 자신을 불쌍하게 여기는 사람들이 있습니다. 자신을 마치 신이 외면해 버린 불행한 사생아마냥 여깁니다.

자신을 스스로 비참하다고 여기는 자기연민은 불행의 원천입니다. 자기연민에 빠진 사람은 그 어떤 꿈을 이룰 수도, 세상을 진보시킬 수도, 누군가를 행복하게 할 수도 없습니다.

자기연민에서 벗어나세요. 자기연민은 내면의 창조력과 잠재력을 죽이는 일입니다. 자기연민에서 벗어나 스스로를 믿고 응원하는, 스스로 당신의 가장 강력한 협력자가 되세요.

나는 나를 응원한다.

나는 나의 가장 열광적인 팬이다.

롤 모델을 정하라

    사람은 누구나 자기가 설정한 목표를 달성하기 위해 노력합니다. 하지만 그 목표달성이 막연해서 내가 어떻게 행동해야 하는지, 막막할 때가 있습니다. 이럴 경우 자신이 설정한 목표를 성취하기 위해서 가장 기본적인 방법 중 하나는, 내가 이루고자 하는 목표를 이미 이루어낸 사람들의 장점을 배우는 것입니다.

    자신이 원하는 목표를 이미 성취한 사람들을 찾아보세요. 그들 중 당신의 마음을 이끄는 사람을 롤 모델로 정하세요. 그 사람이 가진 장점을 세밀히 분석하여 당신의 것으로 만들어 보세요. 무엇보다 정신적인 부분을 배울 수 있도록 노력하세요. 그들을 배우다 보면, 어느 순간 그들과 어깨를 나란히 맞추고 있는 자신을 보게 될 것입니다.

나는 내가 정한 롤 모델의 장점과 태도를 배운다.

헌신 [獻身]

헌신(獻身)은 몸과 마음을 바쳐 정성을 다하는 것을 말합니다.

어떤 일을 하든 헌신하는 마음으로 한다면 못 이룰 일이 없습니다. 게으르고 부정적인 마음으로는 어떤 일을 한다 해도 제대로 될 리가 없죠. 마음이 떠나버린 일을 어떻게 잘 할 수 있을까요?

긍정적인 마음으로 성실하게 일한다면 어떤 일이라도 잘 할 수밖에 없을 것입니다. 헌신하는 마음으로 일을 하는 사람이 늘 인정받는 사람입니다. 자신에게 주어진 일, 헌신하는 마음으로 일하세요. 그 무엇도 헌신하는 당신의 열정을 막을 수는 없을 것입니다.

나는 나의 일을 사랑한다.

나는 모든 일에 헌신하는 마음으로 일한다.

확고하게 결단하라

목표를 정하고 결단한 다음에는 더 이상 뒤를 돌아보지 말아야 합니다. 자신의 선택에 대한 두려움을 품고서 장애물이 생길 때마다 뒤를 돌아본다면 어떤 일도 제대로 할 수 없을 것입니다.

가장 좋은 선택은 없습니다. 다만, 어떤 선택이든 당신이 가장 좋은 선택으로 만들어 갈 수 있을 따름입니다. 자신의 선택에 대해 믿음을 가지고 단호하게 결단하세요. 스스로 자신을 믿고 자신의 선택을 믿는다면 모든 것이 협력하여 가장 좋은 결과를 만들어 낼 것입니다.

나는 나의 선택을 믿는다.

나는 내가 선택한 것을 가장 좋은 결과로 만들어낼 것이다.

할 수 있는 일, 할 수 없는 일

어떤 목표를 이루려고 할 때, 마음속에서는 두 가지 생각이 떠오릅니다.

'말도 안 돼, 내가 어떻게 이걸 할 수 있겠어?'

'아냐, 나는 할 수 있어.'

이런 생각들은 목표를 성취하는 과정 내내 머릿속을 떠나지 않습니다. 무엇이 옳은지 알 수 없기 때문이죠. 할 수 있다고 생각하든, 없다고 생각하든, 인생에 정해진 정답은 없습니다. 그렇지만 할 수 없다고 생각하면, 결코 할 수 없습니다. 어차피 시작도 하지 않을 테니까요. 그러나 할 수 있다고 생각하면, 할 수 있습니다. 할 수 있다는 생각이 스스로 필요한 자원과 기회를 끌어당겨서 꿈을 이룰 수 있는 사람으로 훈련시킬 것이기 때문입니다.

나는 할 수 있다. 나는 어떤 꿈이든 이룰 수 있다.

나는 나 자신을 믿는다.

습관은 인생에 영향을 준다

좋은 습관은 좋은 결과를 만듭니다. 시간이 흘러 결과물이 쌓이게 되면, 자신도 모르게 성공의 큰 원인이 되죠. 나쁜 습관이 만들어내는 결과 역시 그러한 과정을 거쳐서 실패의 원인이 됩니다.

시냇물이 강이 되고, 강이 모여 바다가 되듯이 습관이 모여 그 사람의 인생에 영향을 줍니다.

나쁜 습관은 어떤 것이든 빨리 고치려고 노력하세요. 당장은 별것 아닌 것이라고 생각하여 무의식적으로 행동하지만 언젠가는 큰 피해를 줄 수 있습니다.

나는 항상 내 습관에 주의를 기울인다. 나쁜 습관은 아무리 작은 것이라도 고쳐서 나쁜 결과를 예방한다.

직관〔直觀〕

　　우리는 어떤 판단을 내릴 때, 단계적이고 논리적인 추론 과정을 거칩니다. 하지만 때로 사람은 논리적인 추론과정을 건너뛰어, 순간적인 판단으로 결론에 도달해 버릴 때가 있습니다. 이것이 직관에 의한 판단입니다.

　　직관은 자신이 삶에서 경험한 것들을 토대로 하여 사물의 이치를 판단하는 능력이라고 할 수 있죠. 하지만 많은 사람들이 근거가 빈약하다는 이유로, 직관의 힘을 신뢰하지 않는 경우가 있습니다. 그러나 많은 과학적 원리나 이론들은 직관에 의해 발견된 경우가 많습니다. 오히려 직관에 의해 먼저 결론이 정해진 다음, 근거들을 찾아내는 경우도 있습니다. 아인슈타인 또한 자연의 기본적 원리를 발견할 때, 논리적인 방법보다는 직관에 의지

했다고 합니다.

불현듯 뇌리를 스치는, 직관의 힘을 믿어보세요. 직관의 지혜
가 당신에게 예상치 못한 좋은 해결책을 던져 줄 수도 있습니다.

나는 직관을 적극적으로 활용한다. 직관의 지혜를 통해 중요하고 결정적인
영감과 해결책을 찾는다.

바라보는 관점이 중요하다

어떤 사건을 보았을 때, 문제를 바라보는 인간의 관점에는 한계가 있기 때문에 한 치의 오차도 없이 완벽하게 이해했다고 할 수 없습니다. 또한 사람에 따라서 각기 다른 결과가 나옵니다. 해석하는 사람의 경험과 의식이 각각 다르기 때문이죠. 우리가 인생에서 겪는 경험 또한 마찬가지입니다. 긍정적인 태도를 가진 사람은 어떤 일도 긍정적으로 해석하고, 부정적인 태도를 가진 사람은 매사에 모든 상황을 부정적으로 해석하는 경향이 있습니다. 결국 중요한 것은, 인생과 세상에 대한 우리의 태도입니다.

긍정적인 삶의 태도를 갖고자 노력하세요. 긍정적인 태도는 어떤 일도 행복으로 연결 지어 해석할 것입니다.

나는 어떤 어려움 속에서도 항상 긍정적인 면을 발견한다.

창의성을 발휘하라

이 세상에 그 무엇도 완벽한 것은 없습니다. 때문에 어떤 일이든 더 발전적이고 효율적인 방법이 항상 남아 있기 마련입니다. 하지만 우리는 이제껏 그렇게 해 왔다는 이유만으로, 새로운 방법을 찾기보다는 기존의 방식에 편승하려고 합니다.

진보는 완전히 새로운 것을 창조하는 것이 아니라 기존의 것을 조금씩 보완하고 고쳐나가는 것입니다. 지금까지 해오던 방식에서 벗어나 조금만 더, 효율적인 방법들을 생각해보세요. 자신이 가진 잠재력을 믿고 창의성을 발휘해보세요.

나는 창의적인 생각으로 더욱 효율적인 해결책을 찾아낼 것이다.

기본기를 갖추라

　세계적인 피겨 스케이팅 선수 김연아의 안무코치인 트레이시 윌슨은, 한 방송과의 인터뷰에서 다음과 같이 말했습니다.

　"연아의 훈련 방식은 내게 상당한 충격을 주었습니다. 감동적이었지요. 그녀는 이미 피겨 스케이팅 세계 최고 수준의 선수인데도 기본적인 점프나 스핀 등을 열심히 연습하고 코치들에게 개선점을 질문하고는 했습니다. 마치 스케이팅을 처음 배우는 것처럼 말이죠. 나에게 김연아 선수의 그러한 훈련모습은 굉장히 놀라운 광경이었습니다. 대부분의 톱클래스 선수들은 더 이상 기본기에 신경 쓰지 않죠. 그들은 더 화려한 기술을 훈련하는 것에 집중하죠. 그러나 그렇기 때문에 많은 톱 레벨 선수들이 발전을 멈추게 됩니다."

김연아 선수는 다른 선수들이 관심을 기울이지 않는 철저한 기본기 연습으로 피겨 스케이팅 여왕으로 우리의 마음속에 남을 수 있게 되었죠. 기본기를 제대로 훈련하지 않은 선수는, 체격과 재능이 모두 앞선다 하여도 결코 기본기를 제대로 갖춘 선수를 이길 수 없습니다. 화려한 기술을 필요한 때, 정확히 구사하기 위해서는 반드시 기본기가 갖추어져 있어야 합니다.

나에게 보내는 말의 선물

철저하게 기본기를 갖춘다면, 결국 승리의 여신은 나에게 미소를 보낼 것이다.

타인의 결점을 보호하라

다른 사람의 단점이나 치부를 들춰내며 즐거워하는 사람들이 있습니다. 하지만 다른 사람의 단점을 들추어내어 즐거워하는 일은, 자기의 단점으로 남의 단점을 비난하는 것과 같습니다.

다른 사람의 단점과 실수를 대하는 자세에는 역지사지하는 마음이 필요합니다. 다른 이를 향한 비웃음과 냉소는 더욱 크게 확대 재생산되어서 반드시 자신에게 돌아온다는 사실을 명심하세요.

나는 다른 사람의 부족한 점을 덮어주는 사람이다.

나는 다른 사람들의 비밀을 지켜주는 사람이다.

목표를 설정하는데 시간을 투자하라

자신의 삶을 곰곰이 되돌아보면서, 어떤 목표도 없이 허둥지둥 살아왔음을 깨닫고 부끄러움을 느낄 때가 있지 않았나요?

사람들은 자신이 바라는 목표를 성취하는 것에 많은 에너지를 소비합니다. 그래서 명확한 목표를 설정하는 것에는 소홀한 면이 있죠. 하지만 목표를 설정하는 일은 성취하는 일만큼이나 중요합니다.

목표를 설정하는 데 충분한 시간을 투자하세요. 성취의 기본은 목표를 명확하게 정하는 일에서부터 시작합니다. 자신의 내면에서 명확한 목표를 찾아내는 일은 몇 달, 혹은 몇 년이 걸릴수도 있습니다. 여유를 갖고, 고민하고 또 고민하세요.

여유를 갖고 충분한 시간을 투자하자.

나는 명확하고 확실한 목표를 찾아낼 수 있다.

시작은 미약할지라도
결국 창대할 것이다

모든 위대한 것들은 아주 작은 것으로부터 시작됩니다. 한 아름이나 되는 큰 나무도 작은 싹에서 시작되고, 거대한 건축물도 한 줌의 흙과 땀이 더함을 거듭함으로써 우리 앞에 우뚝 서 있게 된 것입니다. 미약한 씨앗에 물과 거름을 주고 좋은 환경을 제공해 주면, 싹을 틔우고 점점 더 성장합니다. 이렇듯 당신의 성장도 언젠가는 스스로도 압도당할 만큼 크고 웅장하게 자라날 것입니다.

비록 시작은 미약할지라도, 간절한 소망에 끊임없는 정성을 기울인다면 반드시 거대한 아름드리나무처럼 창대해질 것입니다.

비록 지금의 나는 작을지라도, 내일의 나는 큰사람이 될 것이다.

변화의 열쇠는 자신에게 있다

문제가 발생하는 가장 근본적인 원인은 대개 자신에게 있습니다. 그러기에 문제의 원인이 되는 자신을 바꾸면 문제가 해결될 수 있다는 말이기도 합니다.

어떤 문제가 생겼을 때, 반드시 자신의 내면부터 살펴보아야 합니다.

부정적인 생각을 갖지는 않았는지, 분노와 원한을 품고 부정적인 감정들을 쏟아내지는 않았는지, 섣부른 감정에 휩쓸려 잘못된 판단을 내리지는 않았는지, 자신을 꼼꼼히 살펴보고 잘못된 점들을 반성하고 교정하세요. 모든 변화의 열쇠는 자신의 내면에 있습니다. 외부적인 문제를 해결하기 위해서는 먼저 내면의 문제부터 해결해야한다는 것을 항상 기억하세요.

모든 변화의 열쇠는 나에게 있다.

나는 문제를 스스로 분석하여 해결할 것이다.

때가 되면 이루어질 것이다

목표를 성취하는 데 있어서 피해야 하는 행동 중 하나는 목표에 집착하는 것입니다. 집착하면 집착할수록 목표는 점점 더 멀어져 보이게 됩니다. 집착이라는 감정 속에는 목표가 이루어지지 않는다면 불행해질지도 모른다는 불안감이 숨어 있기 때문이죠. 집착은 신념을 약화시키고 마음의 균형을 무너뜨립니다.

집착하지 마세요. 설령 목표가 이루어지지 않아도 그것을 향해 달려갈 수 있도록 허락해 준 모든 것들에게 감사한 마음을 간직하겠다고 결심하세요.

조급해 하지마세요. 당신이 생각하는 것보다 더 좋은 때에 더욱 좋은 방법으로 이루어질 것이라는 마음을 간직하세요.

나는 여유를 가지고 내게 주어진 일을 위해 노력한다.

나의 목표는 가장 좋은 때, 가장 좋은 방법으로 이루어질 것이다.

사소한 일로 인간관계를 깨지 말라

인간관계가 소원해지고 심지어 적대적 관계가 되는 원인은, 큰일보다는 오히려 사소한 일이 발단이 되는 경우가 많습니다. 작은 배려만 있어도 해결될 일을 먼저 고개를 숙이고 싶지 않는 자존심이 인간관계를 악화시키는 것이죠. 하지만 자신이 조금 손해 보고 양보하는 것이, 불편한 인간관계로 인해 스트레스를 받고 시간과 에너지를 낭비하는 것보다 훨씬 이익이라는 것을 알아야 합니다. 사소한 일에 괜한 자존심을 앞세워 불편한 인간관계를 만들지 마세요.

나는 사소한 일로 불편한 인간관계를 만들지 않는다.

나는 항상 좋은 인간관계를 유지한다.

부정적인 말을 하지 말라

인간의 신체 중 마음과 가장 가까이에 있는 신체기관이 어느 곳인지 아십니까? 정답은 귀입니다. 인간은 태어나는 순간부터 18살이 될 때까지 무려 18만 번의 부정적인 말을 듣는다고 합니다. 수많은 사람과 다양한 매체로부터 우리는 끊임없이 부정적인 암시를 들으며 생활하죠. 이러한 부정적인 암시들은 자신도 모르게 자신의 내면으로 파고들어서 생각과 감정에 강력한 영향력을 행사합니다. 자신도 모르게 부정적인 암시에 걸려들진 않았는지, 스스로를 관찰하세요. 그리고 자신의 자존감에 상처를 입히는 부정적인 말들을 적극적으로 차단하세요. 사람은 듣는 대로 생각하고 행동하게 된다는 것을 기억하세요.

나에게 보내는 말의 선물

나는 나의 마음을 긍정적인 생각과 감정들로 가득 채운다.

내가 하는 말은 부드럽고 배려가 있다.

꾸준히 자신을 성장시켜라

삶을 행복하게 유지하기 위해서는 꾸준히 자신을 계발해야 합니다. 현상유지는 없습니다. 성장이 아니면 자신도 의식하지 못하는 사이에 시대의 흐름에 뒤처진다는 사실을 명심하세요. 자신을 성장시키고 발전시키는 일에 게으름을 피우지 마세요. 지속적인 성장을 추구하세요.

나는 지속적으로 나 자신을 성장시키기 위해 노력한다.

나는 꾸준히 나 자신을 발전시킬 계획을 실천한다.

장기목표를 설정하라

    장기 목표는 긴 기한을 정한 목표입니다. 자신이 이루고자 하는 꿈을, 지금 당장 이룰 수는 없을 것이지만 5년 혹은 10년이라는 시간을 두고 생각해 본다면 그 꿈이 불가능하지만은 않을 것입니다.

    목표를 설정할 때에는 반드시 자기 앞의 장애물과 일의 진행 과정 중의 실패에 좌절하지 않을 수 있도록 장기목표를 설정해야 합니다. 긴 시간 동안 당신이 얼마나 성장할 수 있을지를 생각하며 장기목표를 설정해 보세요.

나는 (   )년 이내에
(   )을 성취할 것이다.

후회 〔後悔〕

　　후회의 후後는 '뒤'라는 의미이며, 회悔는 '뉘우치다'라는 의미입니다. 즉, 후회는 지나간 일에 대한 아쉬움이나 탄식이 아니라 뉘우침과 반성을 뜻합니다. 뉘우침과 반성을 한다는 것은 아직 희망이 남아 있고 더 나은 결과를 만들 수 있는 가능성이 있다는 의미입니다. 깊이 후회한다는 것은 새로운 삶을 살겠다는 결심인 것입니다. 후회하는 순간은 희망과 가능성이 남아 있는 순간이라는 것을 꼭 기억하세요.

후회하는 순간은 아직 희망이 남아있는 순간이다.

나는 반드시 지난 경험을 거울삼아 좋은 결과를 만들어 내겠다.

우선순위를 정하라

인간이 가진 시간과 에너지에는 한계가 있습니다. 때문에 한정된 에너지를 어떻게 효율적으로 활용하는가에 따라 인생의 성패가 결정됩니다. 아무리 약한 사람이라도 하나의 목적에 온 힘을 집중한다면 자신이 바라는 바를 성취할 확률이 높지만, 아무리 강한 사람이라도 여러 가지 일을 한꺼번에 해내려고 한다면 어느 것 한 가지도 제대로 해낼 수 없을 것입니다. 일을 순조롭게 수행하기 위해서는 반드시 일의 중요도에 따라 우선순위를 정해서 순서대로 하나씩 처리하는 것이 좋은 결과를 낼 수 있습니다. 매일 저녁, 내일 자신이 해야 할 일을 기록해보세요. 그리고 중요도에 따라 어떻게 일을 처리해 나갈 것인지 우선순위를 정하세요. 알찬 내일이 당신을 기다리고 있을 것입니다.

나는 우선순위를 정해서 체계적으로 일을 처리한다.

The secret of a good life is to have the right loyalties and hold them in the right scale of values.

행복한 삶의 비밀은 올바른 관계를 형성하고
그것에 올바른 가치를 매기는 것이다.

#
인간관계, 신뢰, 일, 현실, 현상 유지,
기다림, 행운, 희망, 자아상, 사랑, 행복…

먼저 손을 내밀어라

사소한 일로 소중한 사람과 다투지는 않았나요? 사실 생각해 보면 정말 별것도 아닌 일을 갖고 왜 그리 예민하게 굴었는지 후회되었던 적은 없나요? 굳이 그렇게까지 말할 필요는 없었는데 너무 심하게 말한 것 같아 미안했던 적이 있지 않나요? 서로 아껴주고 사랑하기에도 모자란 데 왜 항상 다투기만 했는지 후회한 적은 없나요?

조용히 눈을 감고 자신의 주변 사람들을 떠올려 보세요. 소중한 사람들, 사랑하는 사람들과 다시 행복한 시간을 만들 수 있도록 인간관계를 회복하세요.

그때 그 일로 사이가 틀어진 그에게 오늘 내가 먼저 연락해 보자. 그 역시
나를 반길 것이다.

실패를 받아들일 마음을 다져라 1

실패가 두렵다면 실패를 먼저 받아들일 마음을 다지세요. 성취를 위한 의지를 다지기 전에 실패를 감당할 각오를 다진다면 어쩌면 필연적으로 다가올 실패의 아픔을 극복하고 다시 나아가는 것이 한결 수월할 수 있을 것입니다. 결과에 대해 순수하게 받아들일 마음이 굳건하다면 무슨 일이든지 감내할 수 있는 마음이 움틀 것입니다.

실패했을 때 일어날 수 있는 일을 예상하고 감당해야 할 일들을 감당해 내겠다고 결심하세요. 실패를 긍정적으로 받아들이고 정신적으로 이미 극복하였다면 더 이상 실패가 두렵지 않을 것입니다.

나는 실패가 두렵지 않다.

지금의 실패는 끝이 아니라 성취의 과정일 뿐이다.

실패를 받아들일 마음을 다져라 2

목표를 성취하기 위해서는 자신의 예상보다 더 많은 실패와 시행착오를 겪어야 할지도 모릅니다. 그러나 이러한 실패들은 과정상 반드시 필요하기 때문에 일어난 일이며, 신께서 성공의 길로 이끌기 위해 사용하는 도구일 것이라고 생각하면 한결 마음이 편할 것입니다.

실패를 성공적인 결과로 바꾸기 위해서는 무엇보다 실패를 감당할 용기를 지녀야 합니다. 실패와 좌절은 결코 끝을 말하는 것이 아닙니다. 아직 당신이 더 배워야 할 것이 남아 있거나 더 좋은 문으로 들어가기 위한 과정일 뿐입니다.

고작 몇 번 실패했다고 해서 끝난 것이 아니다. 여전히 나에겐 기회가 충분히 남아있으며 나는 반드시 실패를 딛고 승리할 것이다.

그 사람은 좋은 사람이다

사람은 타인으로부터 자신이 꼭 필요한 존재임을, 자신이 가치 있는 존재임을 인정받고 싶은 욕구가 있습니다. 그렇다면 당신이 우선 타인의 마음을 채워주세요. 누군가에게 자신이 원하는 것을 가장 쉽게 얻을 수 있는 방법은 그들이 원하는 것을 주는 것입니다. 그들의 장점을 찾아 그들에게 말해주고, 그들의 가능성과 가치를 인정해주세요. 그들은 당신의 말에 기뻐하며 당신에게 마음을 열어줄 것입니다.

나는 타인의 가치를 인정하며 그들이 세상에 필요한 사람임을 인정한다.

우유부단함은 해악이다

재능 있는 사람이 이따금 무능하게 되는 것은 성격이 우유부단하기 때문인 경우가 많습니다. '근대철학의 아버지로 불리는 데카르트'는 다음과 같이 말했죠.

"결단을 내리지 않는 것이야말로 최대의 해악이다."

제때에 결정을 내리지 못하면 자신의 주변 사람들을 고달프게 하고, 소중한 시간을 낭비하게 하게 합니다. 우유부단한 것이 여리고 선한 성품을 드러내는 것으로 착각하지 마세요. 우유부단한 것은 선한 성품을 보여주는 것이 아니라 결단력의 부재를 보여주는 것입니다.

결단력 있는 사람이 되세요. 결단은 곧 기회입니다.

나는 결단력 있는 사람이다.

나는 항상 올바르게 결단하고 실행할 것이다.

자기 스스로를 행복하게 하라

가장 아끼고 사랑해야할 사람은 바로 자기 자신입니다. 늘 지켜주고 보듬어 주며 위로하고 격려해 주어야할 사람 또한 자기 자신입니다. 세상 어느 누구보다 행복하게 해주어야할 사람은 바로 자기 자신이라는 것을 명심하세요.

나는 나를 아끼고 사랑한다.

나는 나를 행복하게 할 것이다.

불필요한 참견에 흔들리지 말라

사회생활을 하다보면 이런저런 일을 간섭하며 참견하는 사람들로 인해서 일이 제대로 진행되지 않는 경우가 있습니다. 별 도움도 되지 않는 조언들을 마구 남발하며 귀찮게 하기도 합니다. 때로는 그들의 페이스에 말려들어 계획했던 일들이 엉망이 될 때도 있죠.

불필요한 참견 따위는 무시해 버리세요. 그들의 말에는 당신을 위한 배려나 도움이 될 만한 지혜는 담겨있지 않은 경우가 많으니까요.

나는 불필요한 참견들을 흘려 보내버린다.

나는 흔들리지 않고 항상 나의 페이스를 유지한다.

의미도 없이 소비할 시간이 없다

　인간에게 주어진 시간에는 불변하는 한계가 있습니다. 그것은 아무리 발버둥을 쳐도 피할 수 없습니다. 우리는 매 순간 의미 없이 시간을 소모하며 점점 그것에 가까워지고 있습니다. 그것이 있기에 인간은 유한하고 위태로운 존재입니다. 인간은 그것의 실제에 대하여 말하는 것을 두려워하고 의식적으로 외면하기도 합니다. 하지만 그것은 외면할 것이 아니라 항상 생각하고 의식하며 살아야합니다. 그것의 이름은 '죽음'입니다.

　유한한 인간의 인생, 할 일 없이 시간을 낭비하며 세월을 낭비해선 안 됩니다. 자신에게 주어진 한정된 인생의 시간을 소중하고 가치 있는 일들로 채우세요.

나에게 보내는 말의 선물

나는 나에게 주어진 시간을 소중히 여긴다.

나는 가치 있는 삶으로 소중한 내 인생을 꾸민다.

심판관이 되지 말라

괜한 관심으로 사람들 사이에 일어나는 문제에 심판관이 되는 것은 위험한 일입니다. 사람은 어떤 문제를 갖고 누군가와 다툼이 있을 때, 자신의 주장을 좀처럼 굽히지 않으려고 하는 본성이 있습니다. 때문에 일방적으로 어느 한 쪽을 편드는 일은 매우 위험한 일입니다. 그것은 세상을 한 다리의 힘으로만 살 수 있다는 무모한 생각과 다름 아닙니다. 왜냐하면, 한 친구를 버리는 일이기 때문입니다. 사람들 사이의 시시비비는 그들 스스로 가리도록 하세요. 당신이 어떤 판단을 내리든 그들 중 누군가는 당신을 원망할 것입니다. 때와 장소를 가리지 않는 관심은 자신에게 해를 끼칠 뿐입니다. 당신은 그저 원만하게 해결되기를 바라는 마음으로 지켜보는 데에 만족하세요.

나는 심판관이 아니다.

나는 사람들 사이의 사소한 시비에 불필요한 참견을 하지 않는다.

스스로 한계를 정하지 말라

우리는 스스로에게 많은 한계를 부여합니다. 자신에게 한계를 정해주지 마세요. 왜냐하면 사람은 자신이 정해 놓은 목표까지는 갈 수 있지만 목표 달성 이후에는 능력과 추진력이 저하되는 경향이 있습니다.

한계는 오직 당신 안에만 존재합니다. 당신은 당신이 생각하는 것보다 더 많은 능력과 잠재력을 가지고 있습니다. 당신이 상상할 수 있고 믿을 수 있는 일이라면 어떤 일이든 이룰 수 있습니다. 더 큰 상상을 하고 더 큰 성공을 이루세요. 당신은 당신이 할 수 있다고 생각하는 만큼 그것을 성취할 수 있다는 것을 기억하세요.

나는 스스로 그 어떤 한계도 두지 않겠다.

나는 내가 꿈꾸고 상상하는 모든 것들을 이룰 수 있다.

신뢰 〔信賴〕

사람들은 친하다는 이유로 약속을 가볍게 여기는 경향이 있습니다. 그러나 친한 사이일수록 약속은 잘 지켜져야 합니다. 약속을 하는 순간, 상대방에게 빚을 지고 있는 것입니다. 약속이 지켜짐으로써 빚은 청산이 되는 것이죠.

약속을 잘 지키는 사람을 우리는 신뢰가 있는 사람이라고 인정합니다. 신뢰는 모든 인간관계의 기본입니다. 서로간의 약속을 가볍게 여기는 것만큼 서로간의 신뢰도 가벼워지는 것입니다. 작은 약속이라도 무겁게 생각하세요. 신뢰는 갑자기 생기는 것이 아니라 서로간의 믿음이 조금씩 쌓여서 이루어지는 것입니다.

나는 약속을 소중히 생각하는 사람이다.

나는 최선을 다해 약속을 지키고 스스로 신뢰를 쌓는다.

위기를 기회로 만드는 지혜

'위기(危機)'라는 단어에는 두 가지 뜻이 있습니다. 하나는 위험을 뜻하고, 다른 하나는 기회를 뜻합니다. 위기라고 생각하는 어려운 상황들 속에는 항상 기회가 숨겨져 있습니다. 우리 민족의 역사를 살펴보더라도 평화가 오래 지속됨으로써 경계를 소홀히 하여 외세의 침략으로 많은 고초를 겪기도 했습니다. 하지만 그러한 위험을 겪었기에 평화가 소중하다는 것을 깨닫고 위험에 대비할 수 있게 되었습니다.

불행에 굴복하지 않고, 새 출발의 시발점으로 삼는 사람에게는 불행이 오히려 희망의 디딤돌이 됩니다. 불행에서 행복을 찾는 지혜로운 사람이 되세요. 당신에게 닥친 위기 속에는 당신을 위해 준비된 기회가 숨어있습니다.

나는 위기가 두렵지 않다. 위기는 곧 기회다.

나는 위기 속에 숨겨진 보석 같은 기회를 잡을 것이다.

순리를 거스르지 말라

명심보감에는 다음과 같은 말이 있습니다.

'만족할 줄 안다면 한 평생 욕됨이 없을 것이고, 거기에서 그만 멈출 수 있다면 한 평생 부끄러움이 없을 것이다.'

욕심에 눈이 어두워 다른 사람의 마음을 아프게 하는 어리석은 일을 하지 마세요. 목표를 이루기 위해 노력해야하지만 인간의 도리와 세상의 순리를 거스르면서까지 과욕을 부린다면 반드시 화를 면치 못할 것입니다. 과한 욕심은 당장은 기쁠지 모르겠지만 훗날 반드시 그로 인해 큰 어려움에 봉착할 수 있습니다. 만족해야 할 때 만족하고 멈추어야 할 때 멈추세요.

나는 불필요한 과욕을 부리지 않는다.

나는 순리에 따라 행동하여 훗날 문제가 될 수 있는 일을 만들지 않는다.

자신에게 맞는 방식을 찾아보라

다른 사람의 성공한 방식이 자신에게는 적합한 방식이 아닐 수도 있습니다. 당신에게 더 적합하고 더 효과적인 방법을 생각하고 찾아보세요. 스스로 독창성을 발휘해 보세요. 다른 사람의 것이 아닌, 당신만의 방식을 찾아보세요.

나에게는 나에게 적합한 방법이 있을 것이다. 무작정 남을 따라 하기보다 독창적인 방법을 찾자.

자신의 걱정에 의문을 가져라

지금 무슨 걱정을 하고 있나요?

당신이 걱정함으로써 지금의 상황을 변화시킬 수 있나요?

그렇지 않다면 걱정을 멈추세요. 당신이 걱정한다고 해결될 일이라면 걱정할 필요가 없을 테고, 당신이 걱정한다고 해결할 수 없는 문제라면 걱정한들 무슨 소용이 있겠습니까.

곰곰이 생각해 보세요. 지금까지 살아오면서 처음 하는 걱정이 아니잖아요. 지금의 걱정 또한 상황이 변화되거나 누군가의 도움으로 해결될 것입니다.

기억하세요. 당신은 태어나는 순간부터 수많은 문제들 속에 쌓여 있었고, 지금까지의 대부분의 문제들은 어떻게든 해결되어 왔다는 것을.

나에게 보내는 말의 선물

무의미한 걱정을 멈추자. 내가 해결할 수 있는 문제라면 잘 해결될 것이고,
그것이 아니라면 상황이 바뀔 것이다.

할 일이 있다면 행복한 것이다

사람은 일을 할 때, 자신이 세상에 필요한 존재라는 것을 느낍니다. 자신에게 해야 할 일이 있다는 것은 행복한 것입니다. 평생 하는 일 없이 즐거운 놀이만 한다면 행복할 것 같지만 일시적인 행복일 뿐입니다. 고통 없이 즐거움이 성립할 수 없듯이 일 없이는 휴식의 안락함이 성립되지 않습니다. 해야 할 일이 없는 사람에게는 일없이 쉰다는 것이 고통의 시간일 뿐입니다.

자신이 지금 해야 할 일이 있다면 감사하십시오. 당신에게 주어진 그 일이 당신의 존재를 가치 있게 하고 휴식의 즐거움을 알게 해줄 것입니다.

나에게 주어진 일은 나를 가치 있게 하고 행복하게 한다.

나는 나에게 해야 할 일이 있다는 것에 감사한다.

과거를 대하는 태도

　　누구나 끊임없이 과거를 쌓아갑니다. 인생을 살며 경험하는 일들은, 자신의 이력이 되고 인생을 만듭니다. 쌓여가는 과거 속에는 간직하고 싶은 기쁜 일도 있지만, 다시는 생각하기도 싫은 잊고 싶은 기억도 있을 것입니다. 시간이 지나도 가슴속에 남아 후회의 여운을 남기는 기억들, 누군가에게 가슴 아픈 상처를 입은 기억이나 또는 누군가의 가슴에 상처를 준 기억들은 마치 없었던 일처럼 지워버리고 싶은 기억들이죠. 하지만 과거는 지울 수도, 없애버릴 수도 없습니다. 이미 일어나 버린 일은 어찌할 수가 없죠. 도망갈 수 없고 지울 수도 없는 것이라면 바꿀 수 있는 것은 과거를 대하는 자신의 태도입니다. 과거를 긍정적으로 바라보고 그것으로부터 깨달음을 얻으세요. 아픈 과거의 실수, 실패의 경험에서 얻는 깨달음은 당신을 더욱 성장시킬 것입니다.

나는 경험하는 일들로부터 새로운 깨달음을 얻는다.

나는 인생의 좋은 이력을 쌓아나갈 것이다.

올바른 길로 가고 있다

인생을 살면서 언제 어떻게 행동해야 할지 알 수가 없어 답답할 때가 있습니다. 누구나 인생이라는 불확실성 앞에서 정답을 찾는 일은 불가능합니다. 지혜로운 사람의 조언이라고 할지라도 그것은 하나의 의견일 뿐, 인생의 매뉴얼이 될 수는 없습니다. 하지만 염려하지 마세요. 당신은 분명 올바른 방향으로 나아가고 있습니다. 당신이 스스로 확신을 가지고 항상 최선의 선택을 해나간다면 당신의 실수, 잘못까지도 합력하여 최선의 결과를 만들어 낼 것입니다.

지금은 알 수 없지만 언젠가 스스로 인생을 회상할 때 자신의 그 모든 선택들이(설령 잘못된 선택일지라도) 하나로 연결되어 당신을 옳은 길로 인도하였다는 것을 알게 될 것입니다.

믿음을 가지세요. 당신은 분명 가장 좋은 길로, 가장 올바른 길로 나아가고 있습니다.

나는 가장 올바른 길로 가고 있다. 나의 모든 실수와 잘못들까지도 나를 좋은 길로 인도하기 위한 과정일 뿐이다.

참된 욕망을 지녀라

욕망은 인간이 지닌 본성 중 강력한 힘을 발휘하게 하는 원인이 됩니다. 무언가를 이루고자 하는 욕망, 자신의 삶을 더 가치 있게 만들고자 하는 욕망이 있기에 인간은 꿈을 품는 것입니다. 하지만 욕망이 모두 가치 있는 것은 아닙니다. 특히, 육체적 만족만을 위한 욕망은 반드시 절제되어야 합니다. 이러한 욕망들이 절제되지 않는다면 삶을 변화시킬 값진 가치 있는 욕망들은 힘을 발휘하지 못하고 쇠퇴할 것입니다.

불필요한 욕망을 절제하세요. 자신의 인생을 빛나게 할 가치 있는 참된 욕망에 더욱 힘을 실어주세요.

    나는 불필요한 욕망은 절제하고 나의 삶을 좋게 변화시킬 참된 욕망에 집중
한다.

현상유지는 없다

세상은 단 한 순간도 멈추지 않고 변화하고 있습니다. 어제의 세상과 오늘의 세상은 단 하루의 차이일지라도 분명 완전히 다른 세상입니다.

사람의 삶 또한 이와 같습니다. 세상이 변하는데 나만 혼자 멈추어 있다고 어제와 똑같은 위치에 있는 것이 아닙니다. 날마다 새로워지지 않으면 날마다 퇴보하는 것임을 깨달아야 합니다. 전진도 후퇴도 하지 않는 현상유지라는 것은 존재하지 않습니다. 선택은 오직 두 가지뿐입니다. 성장하거나 퇴보하거나 입니다.

당신은 어느 쪽을 선택하시겠습니까?

나는 매일 성장하고 발전한다.

나에게 현상유지란 없다. 나는 오직 성장만을 추구한다.

아직 끝나지 않았다

실패자들은 자신이 지금 얼마나 성공에 가까워졌는지 알지 못하기에 마지막 한걸음을 남겨두고 포기합니다. 자신이 꿈꾸던 세상이 이루어질 수 없다는, 끝이라는 생각이 들 때 조금만 더 여유를 가지고 주위를 바라보세요. 분명 예상치 못한 기회, 처음 기대했던 것 이상의 빛을 찾을 수 있을 것입니다.

당신을 좌절시켰던 바로 그 지점에서 한 걸음만 더 나아가보세요. 더 이상 걸을 수 없을 때까지 걸으세요. 성공은 대개 그곳에 있죠. 당신이 할 수 있는 것이 남아 있다면 아직 끝난 것이 아닙니다. 한걸음만 더, 단 한걸음만 더 용기를 갖고 걸어보세요.

할 수 있는 것이 남아있는 한 결코 끝이 아니다.

나는 가장 절망스러운 상황에서도 용기를 가지고 한걸음 더 나아간다.

나의 마지막 모습의 풍경?

당신의 마지막은 어떤 모습일까요?

당신의 마지막 순간을 상상해 보세요. 인생의 성공과 실패는 생의 가장 마지막 순간이 되어서야 알 수 있습니다.

당신의 마지막 모습은 많은 사람들의 찬사와 존경의 마음이 어우러진 자리가 될 수 있도록 만드세요.

　나는 나의 삶에 후회를 남기지 않을 일을 계속 시도할 것이다. 그래서 나의
마지막 모습은 많은 사람들의 존경과 찬사가 쏟아지는 자리를 만들 것이다.

세상을 보는 눈

　세상은 어떻게 바라보느냐에 따라 그 모습을 달리합니다. 부정적인 눈으로 세상을 바라본다면 어둠만을 보게 될 것입니다. 그것은 세상이 먼저 다가와서 당신을 반기지 않기 때문입니다. 그렇다면 당신이 먼저 다가가서 미소 지어야 합니다. 마음을 열고 긍정적인 눈으로 세상을 바라본다면 어둠 이면에 비치는 빛을 보게 될 것입니다. 세상이 당신에게 다가와 꿈을 함께 이뤄줄 든든한 친구가 되어 줄 것입니다.

나는 항상 열린 마음으로 세상을 바라본다.

세상은 나를 도와주고 내 꿈을 함께 이루어줄 친구다.

나답게 산다는 것

내가 나답게 살기 위해서는 남들이 보기에 가치 있는 일이 아닌, 내가 보기에 가치 있다고 생각되는 일을 해야 합니다. 내가 보기에 예쁘고, 내가 보기에 좋아 보이고, 내가 보기에 멋있어 보여야 합니다. 다른 사람들 눈에 좋아 보이는 일은 다른 사람들에게나 좋은 것이지 나에게 좋은 것이 아닙니다.

내가 보기에 좋아 보이는 일, 내가 보기에 멋있고 가치 있어 보이는 일을 하세요. 그것이 내가 나답게 사는 방법입니다.

나는 내가 생각하는 좋은 인생을 스스로 만든다.

나는 세상에 유익함을 주는 삶을 산다.

나에게 보내는 말의 선물

1판 1쇄 인쇄 | 2019년 12월 10일
1판 1쇄 발행 | 2019년 12월 15일

지은이 | 서동식
펴낸곳 | 함께북스
펴낸이 | 조완욱
등록번호 | 제1-1115호
주소 | 412-230 경기도 고양시 덕양구 행주내동 735-9
전화 | 031-979-6566~7
팩스 | 031-979-6568
이메일 | harmkke@hanmail.net
ISBN 978-89-7504-740-4   04320